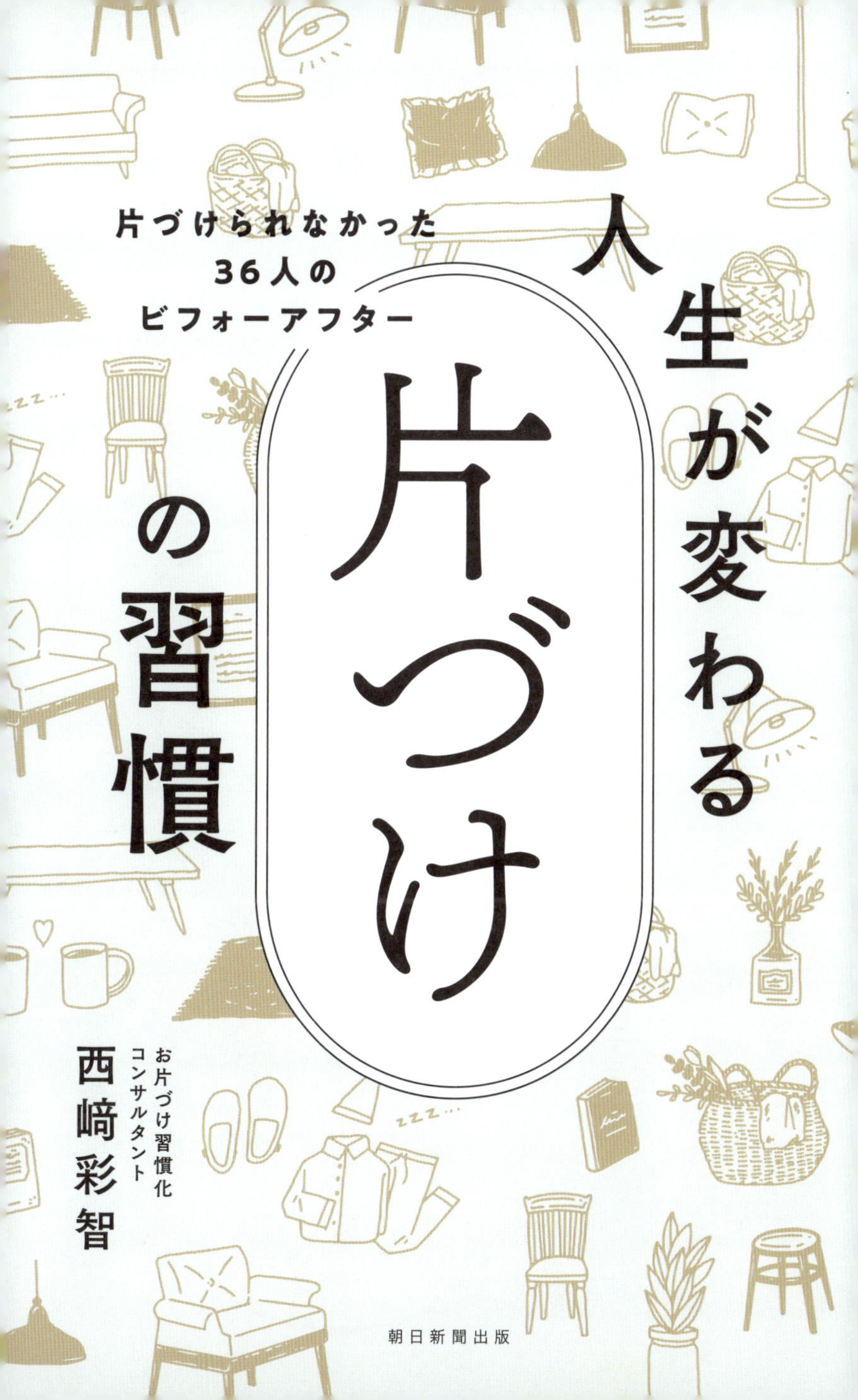

人生が変わる片づけの習慣

片づけられなかった36人のビフォーアフター

お片づけ習慣化コンサルタント
西崎彩智

朝日新聞出版

片づけたら、自分に自信が持てた！

真紀子さん（45歳・営業事務）＋夫＋子ども2人

今までの私

ずっと片づけが苦手だった私。いつも心の中はモヤモヤしていました。何か新しいことをやりたいと思っても「片づけが先か」と前に進めず。パンやお菓子を作るのも好きだったのですが、今はそんな気分にもならず……。

Before

テーブルの上には
みんなが好き勝手に
モノを置いていて、
床置きもあちこち……

とにかく
モノが多いキッチン。
コンロ脇の棚も
圧迫感が

After
いらないモノを出し、
モノの定位置を
しっかり決めたら
スッキリ
モノを減らして
グンと料理しやすい
キッチンに！
ママ友を呼んで
パン教室&ランチ会も
開催できた！

私の変化

衣類や調理器具・食器類などため込んでいたモノをどんどん手放したら、身も心も軽くなり、「やればできる」と自信がつきました。部屋がきれいになって家族のイライラも減り、家の中の治安が良くなりました！（笑）

Case 2

片づけたら、無駄遣いも減った!

亮子さん(46歳・専業主婦)+夫+子ども3人

子どもが増えるにつれ、どんどんモノが増えました。子どもの頃、きれい好きな母に勝手にモノを捨てられ、悲しかった記憶があるので、なかなか子どものモノが捨てられない私。部屋は散らかり放題、気分も落ち込みがちに。

Before

子どもが3人いると
玄関もグチャグチャに
なりがち

なんとなく雑然として
落ち着かないリビング

帰ってきたときに
気分が上がる
玄関に変身！

家具の配置を変え、
リビングにラグを敷いたら
1部屋増えた感じに。
4匹の猫もゆったり

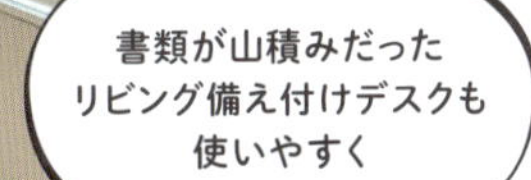

書類が山積みだった
リビング備え付けデスクも
使いやすく

私の変化

家の中がスッキリすると気持ちが安定して、自分に自信が持てるようになりました。余計な買い物をしなくなったので、無駄遣いも減りました。家族の意見を聞きながら片づけを進めていったので、会話が増えたのも嬉しい！

Case 3

片づけたら、完璧主義だった私が変わった!

ゆみこさん(48歳・会社員)+夫+子ども1人

今までの私

子育て・仕事が忙しい中で父の介護が重なり、日々目の前のことに追われ、部屋が荒れてしまいました。何でも自分でやりたい完璧主義なのに、「なんで自分ばかりやっているの?」と負のループになっていました。

Before

置き場所が決まっていないモノが床にたまっていたリビング

いろいろなモノが雑然と置いてあり、統一感のないキッチン

After
帰宅後
「汚い」とゲンナリする
リビングからは
脱却!
調理スペースも
広くなって使いやすく
なりました
薬や日用品を雑多に
詰め込んでいた
テレビボードの
棚の中も整理

私の変化

今まで家に帰ってくるとストレスがたまっていたのに、今は落ち着ける場所になりました。自分ばかり頑張るのではなく、もっと周りに頼っていいんだな、とも思えるように。子どもの友だちが突然遊びに来ても困りません!

Case 4

片づけたら、時間にも心にも余裕ができた!

ゆきさん（38歳・専業主婦）＋夫＋子ども1人

今までの私

出産を機に引っ越しして、段ボールは寝室やクローゼットにドサッと山積み。とはいえ「まだ使えるし、もったいない」とモノは捨てられずにたまる一方。常に「あれがない!」「片づけなくちゃ!」と焦っていました。

Before

リビングのベビーサークルはもはや洗濯物置き場に

リビングテーブルの上は家族の持ち物や食器でいっぱい

After
テーブルを90度回転。
サッと使うモノ以外は
置かないようにしました

広々とした
空間になって、
子どももバンザイ!

テーブルの上はリモコン類、
ペン、メガネなどだけ
ケースに入れてセット

私の変化

片づけたら焦りがなくなり、時間的にも落ち着いて過ごせています。今まで見逃していた小さな幸せを感じる心の余裕もできました。突然やってきた母も喜んでくれ、子どもはきれいな部屋でいつも大はしゃぎしています!

45日後をゴールに設定

お片づけ習慣化6つのメソッド

リバウンドしない片づけの習慣化のコツ！

1 イメージする

自分はどんな生活がしたいのか、未来のなりたい姿をイメージしてみましょう。頭の中で考えているだけでなく、実際に紙に書き出してみることをおすすめします。「家の全体像」「健康面」「時間の使い方」「お金の使い方」「夫や子どもとの関係」「仕事」「自分の感情」などと分けて考えてみるといいでしょう。

2 モノを選別する

机の上、引き出しの中など場所を決めたら1カ所にまとめて出してみます。一つひとつ手にとってみて、使っているモノ、使っていないモノ、未来に残したいモノ、残したくないモノなどに分類。いらないと決めたモノは「成果物」として処分していきます。家の中にあるモノの量を減らしていくのが大前提。

3 定位置を決める

残したモノは定位置を決めて収納していきます。このとき、なんとなくしまうのではなく、普段の生活&家事動線に沿って、戻しやすく、取り出しやすい場所に収納するのがポイントです。固定観念にとらわれず、どこにどう置くのが適した収納なのかを考えましょう。家族で使うモノは家族の意見も聞いて。

4 収納をバージョンアップする

定位置を決めたら、さらに収納状態をブラッシュアップ。取り出しやすく、戻しやすい仕組みを考えて収納グッズをそろえます。メソッド2からいきなり4をやろうとすると、リバウンドの可能性が高くなるので、まずは 3 を挟んでから4に移るのがポイントです。

5 使ったら定位置に戻す

シンプルな行動ですが、普段の生活で最も大切な行動です。日々これができていれば、片づけの習慣になります。1～5をくり返すことによって、散らかりにくい家を作ることができます。いつでも、誰でもできるようになるよう、家族と共有するモノは片づける場所をしっかり共有しましょう。

6 見直す

片づけの仕組みは生活環境が変わるごとに見直すことでリバウンドを防げます。小学生までのお子さんなら学期ごとと学年が上がるごと、ひとり暮らしをしている方なら2～3年に 1 度が目安。結婚した、仕事が変わった、子どもが生まれたなど大きな変化があったときも、もちろん見直しどきです。

なぜ45日?

講座では、45 日を1クールとして片づけをしていきます。そもそも毎日の生活がある中で 1 日に何時間も片づけの時間を取ることは難しいです。でもだらだらやるより、ゴールを設定した方が成功する確率は高いのです。いろいろやった結果、1カ月では短く、2カ月では長すぎて集中力が続かない。ちょうどよい期間が 45 日 (1カ月半) だと結論づけています。

モノの量を減らすことができた人が片づけを制する！

みんなの〝成果物〞大公開！

捨てるモノはゴミではなく〝成果物〞
モノと一緒に気持ちもリセットしてね！

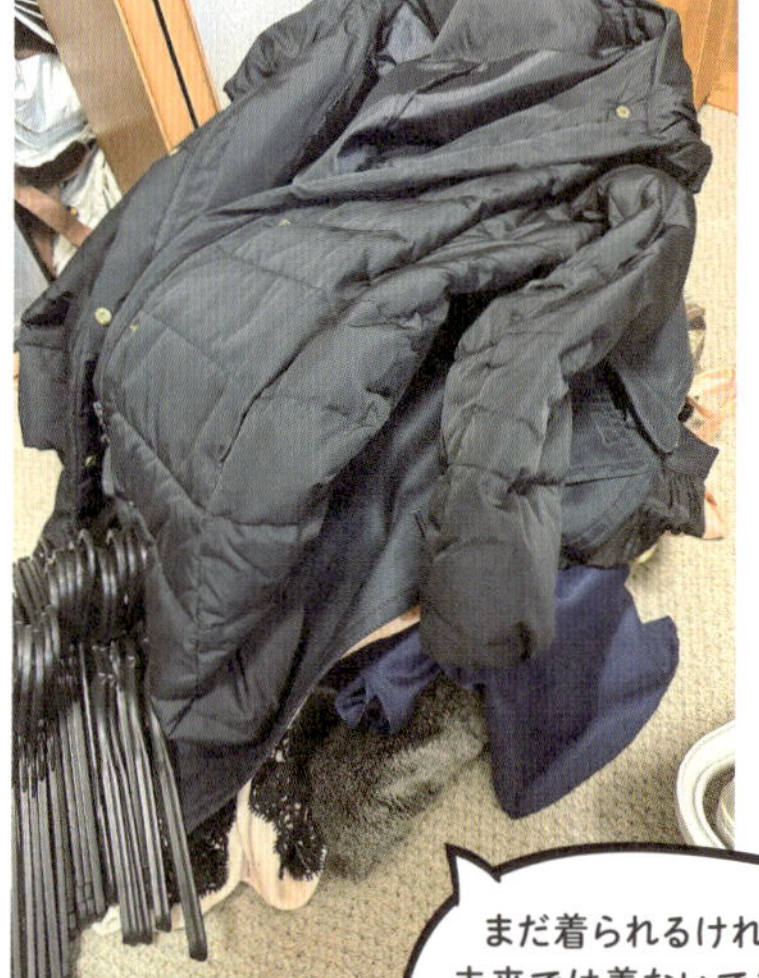

寝室やクローゼットの
片づけをしたら
出るわ出るわ！
全て家から出して
スッキリ！

まだ着られるけれど、
未来では着ないであろう
かさばるコートや
パーティードレスは
リサイクルショップへ

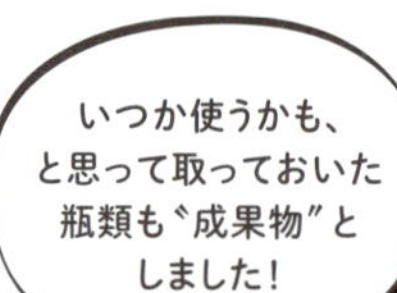

いつか使うかも、
と思って取っておいた
瓶類も〝成果物〞と
しました！

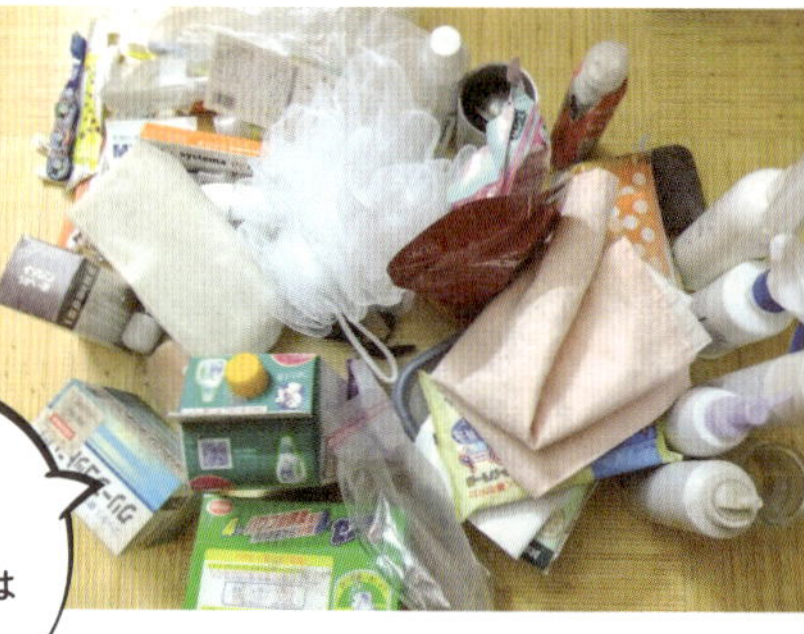

洗面所のストック棚
から不用品が続々。
うがい薬の使用期限は
なんと2008年！

なぜか
ずっと捨てられなかった
紙袋も成果物に

子どもの作品は
心のアルバムに
入れます

引き出しを
占領していたのは、
お弁当に付いてくる
プラスチックのカトラリー

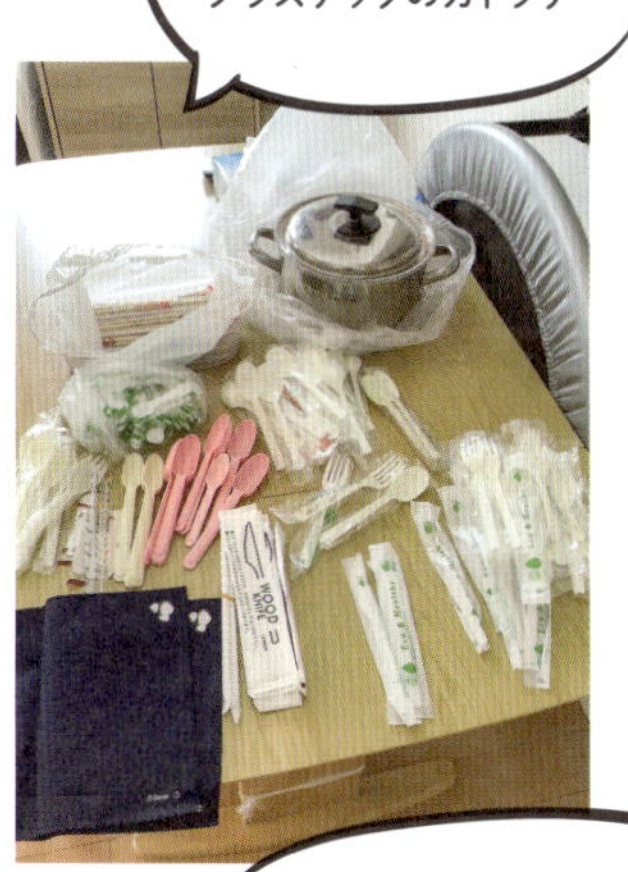

ずっと取っておいた
お祝いの袋。
なんと中から
現金が出てきた！

いつの間にか
増えてしまったお弁当グッズ。
いらないモノを成果物に

はじめに

改めましてこんにちは。お片づけ習慣化コンサルタントの西﨑彩智と申します。**私は「家の片づけが苦手」と悩む女性が自分で片づけができるようになるまで伴走し、サポートする活動をしています。**力を入れて取り組んでいるのは、1度に100人近くの女性が参加し、45日間で家を丸ごと片づけきるプロジェクト「家庭力アッププロジェクト®」です。

本書で紹介した写真は、全てその受講生さんたちの写真です。

皆さんはたまに旅行などでホテルに泊まったとき、「気持ちが落ち着くな」「よく眠れたな」と思うことはありませんか?

立派な家具や上質な寝具があるせいかもしれませんが、**一番の理由は「余計なモノがない」ということ**です。

モノから出るエネルギーは想像以上に甚大で、あなた自身のエネルギーを奪います。**モノが多いと疲れやすくなったり、イライラしてしまうのも当然**です。

家の中って不思議なもので、散らかっていてもだんだんそれが日常の「景色」として見慣れてしまい、感覚が麻痺して何とも思わなくなってしまうことがあります。でもこうやってビフォーとアフターの写真を並べて見比べてみると、ビフォーの部屋で暮らしている人とアフターの部屋で暮らしている人が同じ精神状態であるはずがない、と思いませんか?

部屋は心の鏡、と言いますが、まさにそうです。

だからと言って、ホテルのような余計なモノが何もない部屋を目指す必要はありません(普通に生活していればそれは絶対無理です)。

家に帰ってきたときに心が落ち着く。SNSに出てくるような見栄えのいい部屋ではないけれど、居心地がいい。そんな場所が理想です。

この本ではたくさんの方のビフォーアフターの部屋を紹介していますが、**これは一人ひとりが自ら考えて、最後まで手を動かし続けた結果**です。1カ月半で魔法のように部屋が変化したわけではありません。

ただ**一つ言える共通点としては、皆さん、自分だけが頑張ったのではなく、家族を巻き込んで変化させたこと**。自分一人で頑張る片づけは、1回だけなら成功しても、習慣にすることは難しいです。第一、そんな生活は、疲れますよね。

必要なのは「変わりたい」という気持ち。そして毎日10分だけでも片づけに充てる時間。そして少しでもきれいになったら自分自身に「いいね」をあげること。

もし、今あなたの家が片づいていなかったら、今すぐ写真を撮っておきましょう。そして、あなたの今の気持ちも記しておきましょう（239ページ参照）。

そして、この本を読んでゴールの日を決め、少しずつでも片づけを始めてみてください。アフターの写真と見比べる日が来たときは、あなたの人生にも変化が訪れているはずです！

目次

1章 価値観を変える

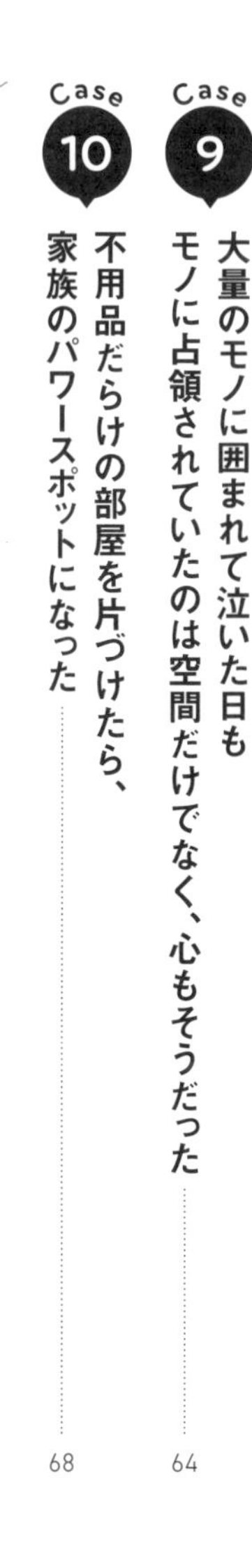

2章 思考のクセを変える

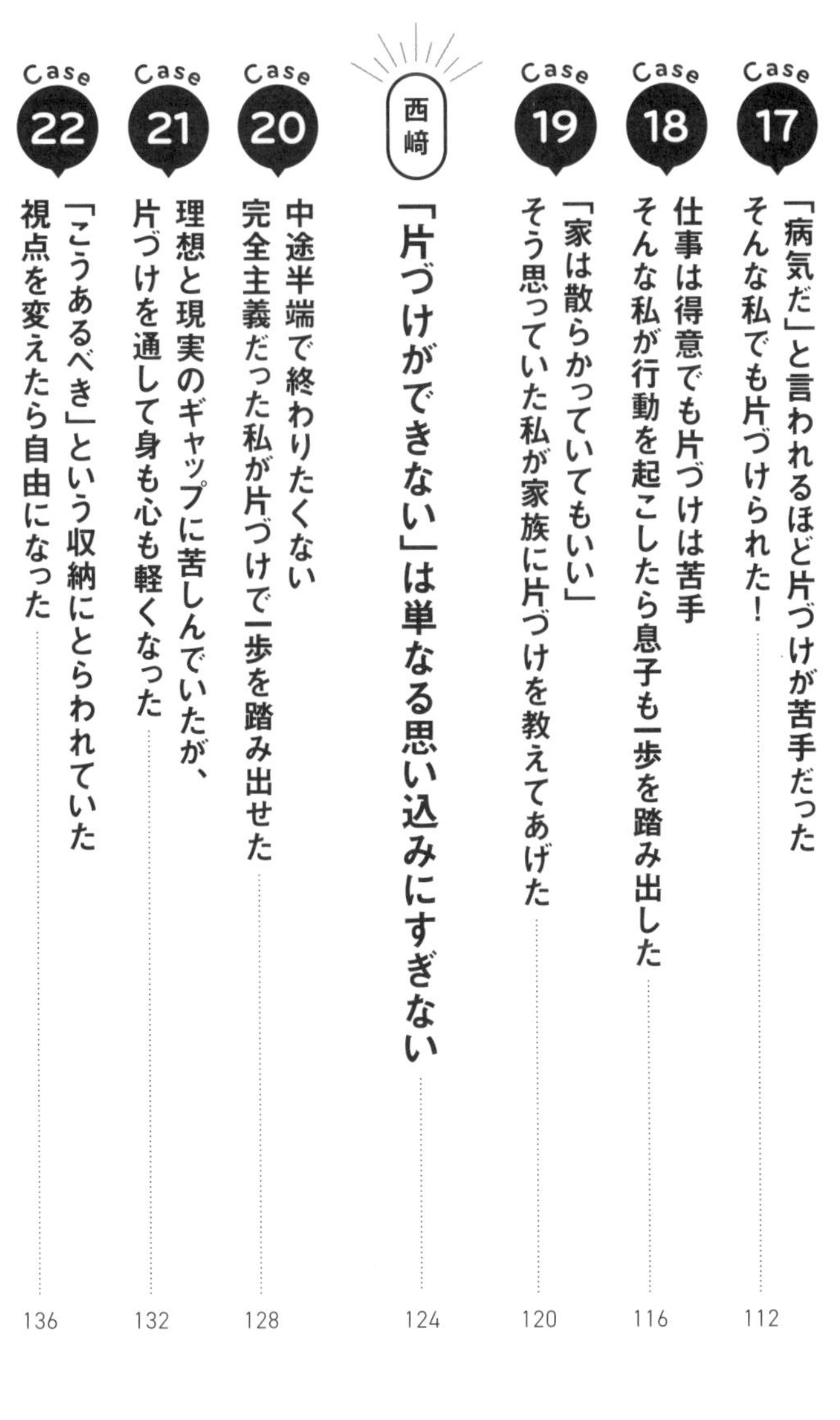

3章 コミュニケーションを変える

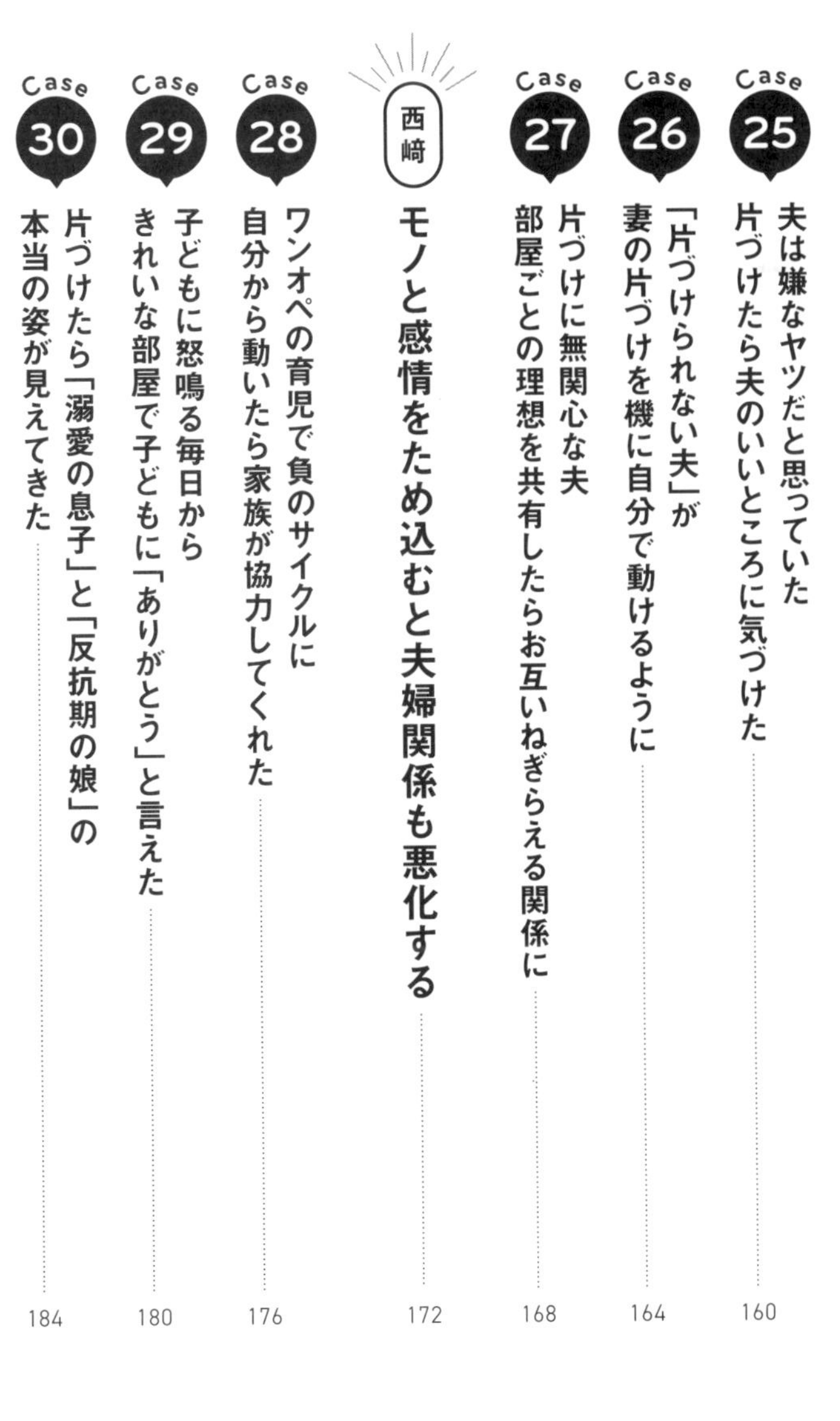

4章 仕組みを変える

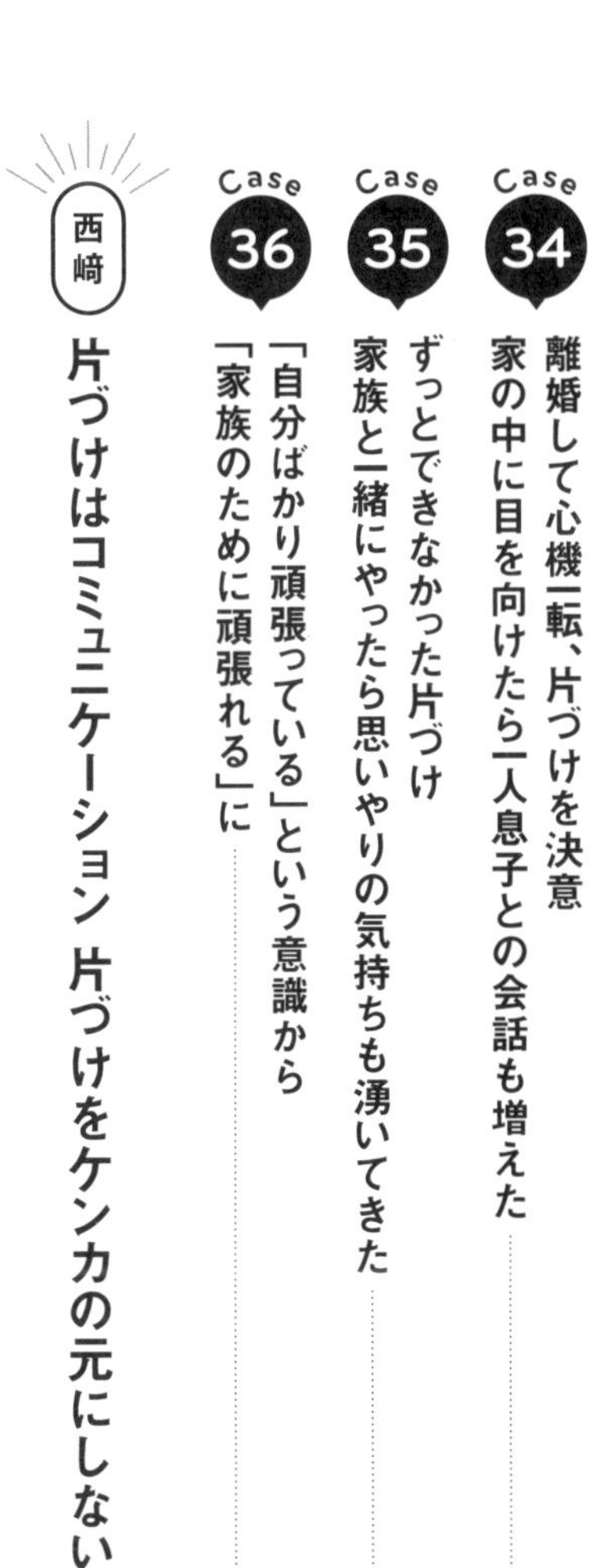

終章 ― あなたはきっと片づけられる

序章

あなたが片づけられなかった理由（わけ）

片づけられない理由は意外なところにあった！

「家の片づけが苦手」

「片づけのことで家族間のケンカが多い」

「家が落ち着く空間になっていない」

こう悩む方たちはとても多いです。

私はこれまでに、個人的なものを含めると1万人以上の女性の相談を受けてきました。「片づけが苦手」なこと以外は、年齢も職業もさまざまです。

会社員、美容師、看護師、医師、弁護士、自営業などの仕事に就き、多くは家事の負担を抱えがちなママたちでした。話の中で気づいた共通点は次のようなことです。

□**「よく探し物をする」**
□**「期間限定のグッズやセール品に弱い」**

□「家族のモノが家のあちこちにある」
□「子どもを怒ってばかりいる」
□「家に人を招き入れたことがほとんどない」
□「夫婦関係が悪化している」

など。「そんな自分が嫌で、自尊心もボロボロです」という嘆きもよく聞かれます。
そもそも、家の中のことは他人には見えません。悩みがあっても友人はおろか、家族にさえ本心を打ち明けにくいので、複雑な気持ちをためにためて来られます。

「片づけられない」＝「ズボラ」ではない

自分でも、家族でも、片づけられないと「ズボラだからしょうがない」と性格のせいにして諦めてしまう人がいますが、それはとても残念なことだと思っています。

「心の状態は、部屋にあらわれる」とよく言いますが、**毎日毎日、目の前の日常に追われ、自分と向き合わず、頭の中が整理されないままでいる状態が、散らかった部屋を招いている**のです。

ここに、私が主宰する片づけ習慣化講座「家庭力アッププロジェクト®」卒業生

276人のアンケートがあります。片づけきった人たちに過去の自分を振り返ってもらい、「何が片づけられない原因だったか」について答えてもらっています。

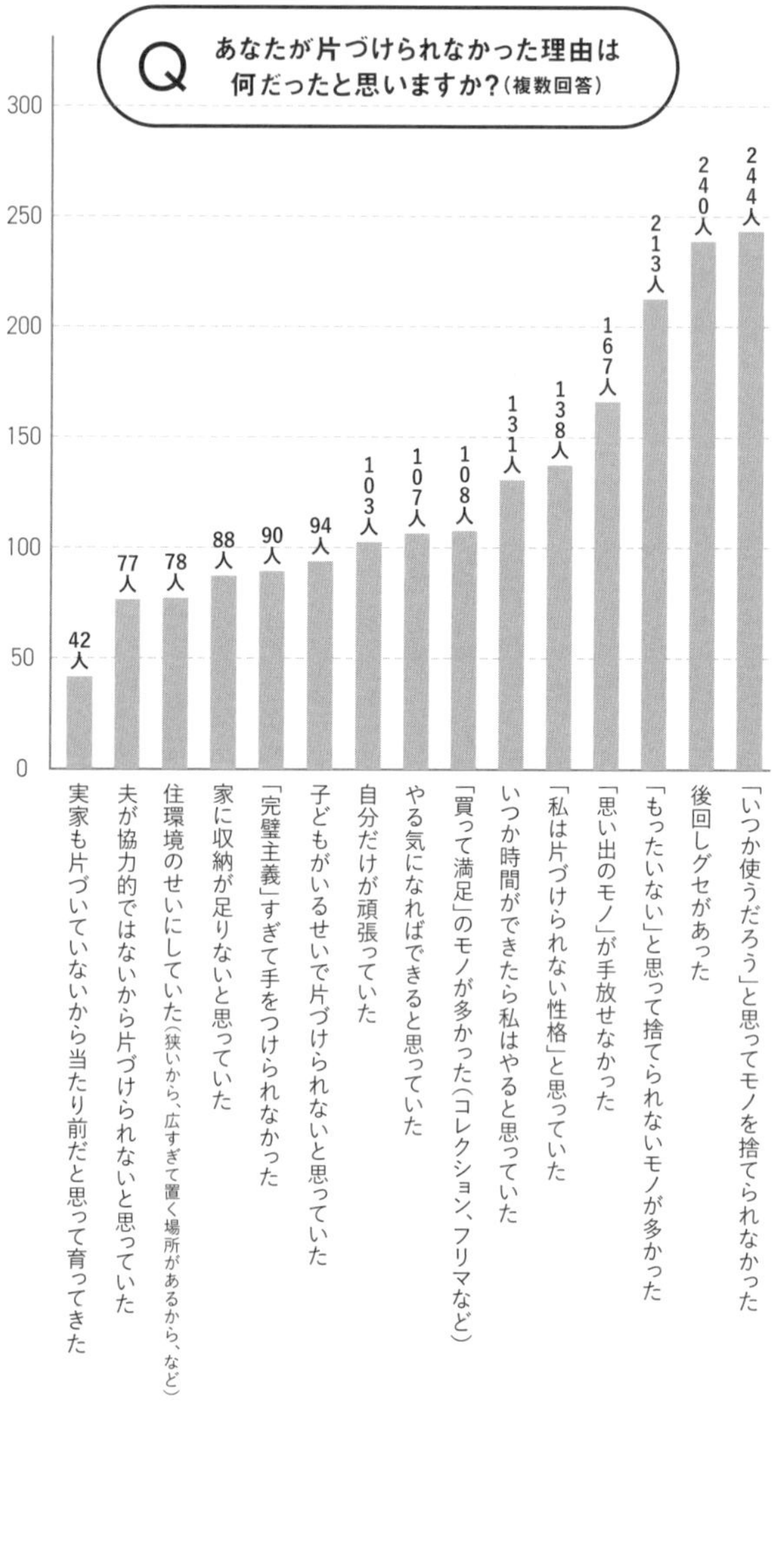
Q あなたが片づけられなかった理由は何だったと思いますか？（複数回答）
300
250
200
150
100
50
0
244人 「いつか使うだろう」と思ってモノを捨てられなかった
240人 後回しグセがあった
213人 「もったいない」と思って捨てられないモノが多かった
167人 「思い出のモノ」が手放せなかった
138人 「私は片づけられない性格」と思っていた
131人 いつか時間ができたら私はやると思っていた
108人 「買って満足」のモノが多かった（コレクション、フリマなど）
107人 やる気になればできると思っていた
103人 自分だけが頑張っていた
94人 子どもがいるせいで片づけられないと思っていた
90人 「完璧主義」すぎて手をつけられなかった
88人 家に収納が足りないと思っていた
78人 住環境のせいにしていた（狭いから、広すぎて置く場所があるから、など）
77人 夫が協力的ではないから片づけられないと思っていた
42人 実家も片づいていないから当たり前だと思って育ってきた

自分の思考や行動のクセに気づき、部屋が片づくと自分の心に余裕が生まれ、家族との関係にも変化が生まれます。

本書では、そんな片づけられなかった原因に気づき、人生を好転させた方たちのビフォーアフターを紹介しています。

これを読めば、片づけの方法に一つの正解はないこと、ゴールは家庭それぞれの形でいいんだ、ということがわかっていただけると思います。

私の人生のビフォーアフター

ここで少しだけ私、西﨑彩智の人生のビフォーアフターを聞いてください。

私は大阪生まれの岡山育ち。1700グラムで生まれた体の小さな私は、なんでもできる姉と比べて成長がゆっくり。周りの子たちから、童謡「サッちゃん」の「だけど　ちっちゃいから〜♪」のところを歌ってからかわれたりして、両親は私の将来をとても心配していたそうです。

「女性の幸せは結婚にある」という時代に生きた父は、私の幸せは結婚しかないと思うあまり、家事に関しては厳しくしつけをしました。２歳のときに住んでいた家で、おもちゃの片づけをしないまま寝ていた私は、父に起こされて、おもちゃの片づけをさせられた記憶があります。片づけると父はいっぱいほめてくれました。片づけたら喜んでくれる。その嬉しさは、あのとき幼心に刷り込まれたのかもしれません。

温かかったけれどちょっと窮屈だった岡山の家を出て、大学は神戸へ。建築学部を志望していましたが、「建築は男の世界」と言う父の反対にあい断念。心理学や教育学、社会学が学べる人間関係学科へ進みました。

建築は諦めても住まいやインテリアの世界に身を置きたくて、大学卒業後はインテリアプランナーとして地元の住宅会社に就職しました。

仕事はすごく楽しかったけど、家庭に憧れていた私は24歳のとき6歳年上の男性と結婚して専業主婦に。当時は家事と育児に夢中でした。

目が届きすぎるくらい子どもと関われる毎日は幸せでした。とはいえ、誰もほめてくれないのが主婦業です。ふと「自分には何もない感」に引きずり込まれる瞬間がありました。でもその頃は自分の将来を見ないフリをしていました。

そのころ唯一、自信を持てたのが毎日普通にやっていた片づけ。

ママ友が家に来たとき、「片づいて気持ちのいい部屋だね」とほめられたのがすごく響きました。ママ友や子どもの友だちが集まれる部屋を作ることが、趣味のようになっていきました。

突然おとずれた人生の転機

ここまでがいわば私の人生の「ビフォー」です。そんな穏やかな生活は、結婚20年目に強制終了。夫がリストラにあってしまったのです。

上の娘が高校、下の息子が中学に入る直前。夫の仕事はなかなか見つからない上、「今まで俺が食わせてやってきたんだから、これからはお前が俺を食わせろ」と言うような封建的なタイプでした。口答えして怒鳴られるのも嫌なので、働きに出ることにしました。仕事はヨガスタジオの運営スタッフ。やりがいはありましたが、先の見えない不安が続き、思春期の子どもたちの前で夫婦ゲンカをすることも増えました。

夫婦関係は壊れ、40代半ばで再就職した私にこれから何ができるだろう。不安と世間体を気にして現実を直視できないまま2年が過ぎ……「そろそろしっかりしてよ」と、体当たりで教えてくれたのが娘と息子でした。

娘の言葉で離婚を決意

ある朝、海外に留学していた娘から国際電話がかかってきました。

「どうせママ、忙しくなってご飯も作らなくなってるやろ？　家だって散らかっているやろ？　家、絶対におかしくなってるやろ？　もう、私たちのために！っていう生活はやめて!!　離婚していいから!!」

この言葉でやっと決心し、夫に離婚を伝えることができました。


離婚直後、「もう、家に友だち呼んでいい？」と息子が言い出しました。

かつては友だち同士のたまり場だったのに、家がすったもんだしてから、私は息子に友だちを家に呼ぶことを禁止したのです。家が散らかった様子は誰にも見られたくない。そうやって問題を先送りにしたことを激しく後悔しました。中3の部活最後の打ち上げはウチでやろう！と、これを機に片づけに取り掛かりました。

2年の間にたまった不用品や夫が残していったモノは、なんと2トントラック2台分。モノを家から出すと心がスッとしました。**私に一番必要だったのは、本当は自**

分ってどうしたいの?と、自問自答しながら整理する時間だったのです。

片づけながら自問自答を繰り返すうちに「人生も子どもの学費も全部引き受けて生きていく」という覚悟ができました。

一念発起して片づけで起業

アラフィフのシングルマザーという逆境の中で、もともとの超負けず嫌いな性格が現れました。「小さくて不器用だから」「お姉ちゃんと比べて……」「女に建築は無理」なんて呪いに抑えられてきたかつての「サッちゃん」が、「サッちゃんだってできるもん!!」と、うわぁー!って叫びながら暴れ出しました。

ヨガスタジオでは店長にまで上りつめました。起業するときは、「片づけなんかで子どもを育てられるはずがない」といろんな人に心配されました。心配されればされるほど、「そんなことはない」と証明したくなりました。

信じたのは、ヨガスタジオで相談してくれた女性たちの本音、専業主婦時代の孤独感、仕事と家事と子育て、すべてを背負ったときの閉塞感、問題を先送りにした後悔、片づけで自信を取り戻した経験まるごと。そして負けず嫌いの自分。

全ての苦い経験から、家庭力アッププロジェクト®が生まれました。今では3千人以上の卒業生を出しました（2024年10月現在）。

子ども2人は独立し、私自身は2016年、49歳のときに再婚。公私ともども充実した毎日を送っています。

片づけは人生をポジティブにする

令和の現代になっても、女性の家事負担は大きく、多くの女性が仕事と家庭の両立で悩んでいます。私の負けず嫌い根性が「そんなのおかしい」って騒いでいます。

しかし、**部屋が散らかるのを、家事をしない夫や子どものせいにしたところで、部屋は片づいてくれません**。社会構造のせいにすれば気持ちがおさまるかもしれない。本当に残念ですが、そうであったとしても、家族は察してくれないし、何も変化は起きません。

じゃあ私はどうしたいの？と考えて、「いろいろあるよね。でも片づけたいのは私だし、まずは自分からやってみよう」と、自分から率先して片づけるのが私たちのやり方です。**片づけを「やればできる」から「やっている」状態にする**のです。

私は「片づけは最高のセルフコーチング」とお話しします。**片づけを通して自らが本当にありたい姿に答えを出すことができるし、片づけの習慣が身につけば、勉強にも仕事にも生かせる**。片づけは人生をポジティブにするスキルなのです。

自己決定力こそ習慣化の秘訣

片づけは、一度やったら終わりではありません。**大事なのは習慣化すること**です。

以前、個人宅の片づけをやっていたことがあります。そのとき、あるお客様に「夫のゴミ箱はどれがいいでしょうか?」と聞かれたことがあります。それを聞いたとき、軽い衝撃を受けました。私がいろいろアドバイスした結果、お客様はゴミ箱を選ぶことさえ、自信を持てなくなってしまったのです。

人から指示をされて片づけても、ライフイベントやお子さんの進学などで変化があるとあまり再現性がなく、汚部屋のリバウンドになってしまうのです。

片づけに一つの正解はありません。ですから私たちは講座の受講生さんたちに「あれを捨てましょう、これを捨てましょう」「服は何着にしましょう、食器はいくつまで」とは言いません。それを決めるのはあくまでご自身だからです。

片づけを習慣化するためにまず大事なことは「自分で決めること」＝「自己決定力」をつけることです。

そんな当たり前のこと！と思うかもしれませんが、**実は片づけられない人の特徴として「捨てていいかとっておくのか決められない」という人が非常に多い**のです。

「何を選ぶか」「何を捨てるか」「どこに置くか」など、片づけは自己決定の連続です。まずは自分自身で選択する力をつけなければ部屋は片づきません。自己決定力をつけることは自分の人生を自分で決定することにもつながります。

今までなんとなくやってきたこと、嫌だなと思いながら目をつむってきたこと、人に合わせて流されてやってきたことに向き合い、自分で決定する。片づけをやっていくと人生が良い方向に変わるのは、このあたりに理由があるのかもしれません。

ある男子高校生の悩み

最近は、学校などにも片づけの講座を依頼されてお話しすることがありますが、そのときにも片づけは自己選択の連続である、ということをお伝えします。

ある有名男子校でお話ししたときのことです。

講演終了後にある男子生徒が近づいてきて、「僕は今まで周りが決めたレールの上を歩いてきたんだと思います。だから、今将来の目標が見つからないのが悩みです」と言われてびっくりしました。親御さんにいろいろ指示される人生を送ってきて、あまり自分で選択する機会を与えられなかったのかもしれません。

でも、それを今、自分で気づいたのは素晴らしいことだと思ったので、それを伝えました。その生徒さんはもちろん、私たちだって遅すぎることはありません。**気づいたときから、小さなことから、自分で決定していけばいい**んだと思います。

なりたい未来を描こう

家の外では頑張っているけれど、家の中はぐちゃぐちゃ、という人は本当の自分を隠して生きています。こんな私はダメなんだとか、こんな汚い家に住んでいることをバレたくない、など自己肯定感も下がっていることが多いです。

けれど、**片づけをしてどんどんモノを手放していくことで、「自分は本当はこんなことを考えていたんだ」とか「こんなことをやりたかったんだ」と薄皮が剥がれるように、本来の自分に気づく人が多い**です。

思考の変化は行動の変化を生むので、最近夫とケンカしていないなとか、子どもを怒ることが減ったな、などの行動の変化から自分の思考の変化に気づく人もいます。

片づけに共通の正解はありません。

自分の正解を探すためには、自分自身がどうなりたいのか、という未来を描くことが大事になります。片づけるときにゴールを描かないと、自分は何のために片づけているのかわからなくなり、途中でやめてしまうのです。

未来を描くと言ってもわからない、という方は、分けて考えてみればいいのです。「家の全体像は？　時間の使い方は？　お金の使い方は？　家族との関係性は？　自分の感情は？」などです。

目の前の仕事やタスクを優先し、頑張っているのにいつも不安な人は、子どもの将来は考えても自分の未来については完全に思考停止状態の人が多いです。

未来なんて何も浮かばない！という人もいるかもしれません。**そういう人は「こんな生活は嫌だ」ということを考えていけばいいのです。その反対のことが「なりたい未来」になります**。

未来が見えてくると、そこに必要なモノといらないモノを選別することができます。

モノに執着してどうしても捨てられない人は、今、あなたが捨てようとしているモ

ノは「ゴミ」ではなく、「成果物」と考えて手放しましょう、とお伝えします。

ちょっとした思考の変換ですが、それだけでモノが捨てられなかった方が「今日はこれだけの成果物が出ました！」と嬉しそうに報告してくれるようになります。

自分がなりたい未来を描けたら、次は家族の未来も聞いてみます。

夫婦関係がギクシャクしてしまうと、「どう暮らしたい？」なんて聞きづらいものです。でも片づけの苦手な妻がキッチンをピカピカにしているのを見れば、夫も変化に気づき、協力してくれるでしょう。

すると、「夫がこんなふうに考えているなんて知らなかった」「実は子どもにとって使いにくい収納だった」といった意外な思いや、独りよがりな自分の考えに気づくことができます。

みんなが暮らしやすい家が作られると、**家族のシナジーの効果によって「私だけが頑張らない」家庭に近づいていく**のです。

家族と暮らしていても、一人暮らしでも、家は、自分がいちばん自分らしくいられて、自分自身をパワーチャージできる場所であるべきです。

そういう場所であれば、今日どんなに疲れていてもまた明日から頑張っていけるはずです。

1章

価値観を変える

「いつか使うかもしれない
モノはとっておく」という
価値観を手放した
→P44

「何かを捨てる」から
「必要なモノだけを残す」という
考えに変わった
→P48

「ゴミを出すのは良くない」から
「モノの量を減らすのは大事」に変化
→P52

「プレゼントやブランドものは
とっておく」から「モノに執着しない」
→P60

思い出のモノを取っておくより、
空いたスペースで
新しいことをしたい
→P64

「思い出のモノはとっておく」から
「未来に必要かどうかで考える」
→P68

「モノを買うのが楽しい」から
「モノを買うと面倒が増える」に
→P76

「安いからとりあえず買う」から
「今の生活に必要かどうか
見極める」
→P80

「ストックがあるから安心」から
「ストックを減らしてスペースを作る」
→P84

「いつか使うかもしれないモノはとっておく」という価値観を手放した

帰宅するたびストレス倍増！ 今では子どもの友だちを「いつでもどうぞ」と呼べる

家族構成	さちこさん（40歳・医療職）+夫+子ども2人

「昔の私の片づけ方は、モノの量を減らさず、1カ所にグチャグチャにまとめて終わり。単にモノを『移動させている』だけだったんです」

こう話すさちこさんは、4歳と6歳の子どもの母親。フルタイムの仕事を毎日こなしながら、育児と家事に奮闘しています。そんなさちこさんの悩みは家のこと。床にはいつもモノが散乱していました。

ほぼ在宅勤務の夫も、片づけは苦手。家族で生活するのがやっとで、片づけや掃除には手が回りませんでした。

「仕事から疲れて帰ってきたのに、部屋が散らかっていて一休みすることもできない。子どもたちからは『○○はどこ？』『あれ取って！』と言われて、あちこちからさらにおもちゃが引っぱり出されてくる。ずっとイライラしていました」

子どもたちから「友だちを家に呼びたい」という

リビング

▲仕事から帰ると片づけからやらないといけなかったリビング。休めずに疲れも倍増

▲スッキリして「ソファで座りながらテレビが見たい」という夫の希望が叶えられる配置に

リクエストがあっても「無理！」と断っていたといいます。でも、上の娘が小学生になったら、お友だちと家で遊ぶ機会が出てくるかもしれない。それまでになんとか片づけをしたい、と考えるようになりました。

「片づけだけじゃなくて、生活全部を整えたいと思ったんです。ちょうど仕事でうまくいかずにモヤモヤしているタイミングだったので、集中してやってみようと思いました」

医療関係の仕事で夜勤もある。**そんな忙しい中でも毎日やったのは、今までもったいなくて手放せなかったモノたちと、一つずつ向き合うこと。「いる・いらない」「気に入っている・気に入っていない」を判断し、不要なモノをどんどん手放し始めました。これまでは「いつか使うかも」「まだ使える」という気持ちが邪魔をしていましたが、判断基準を**

キッチンカウンター

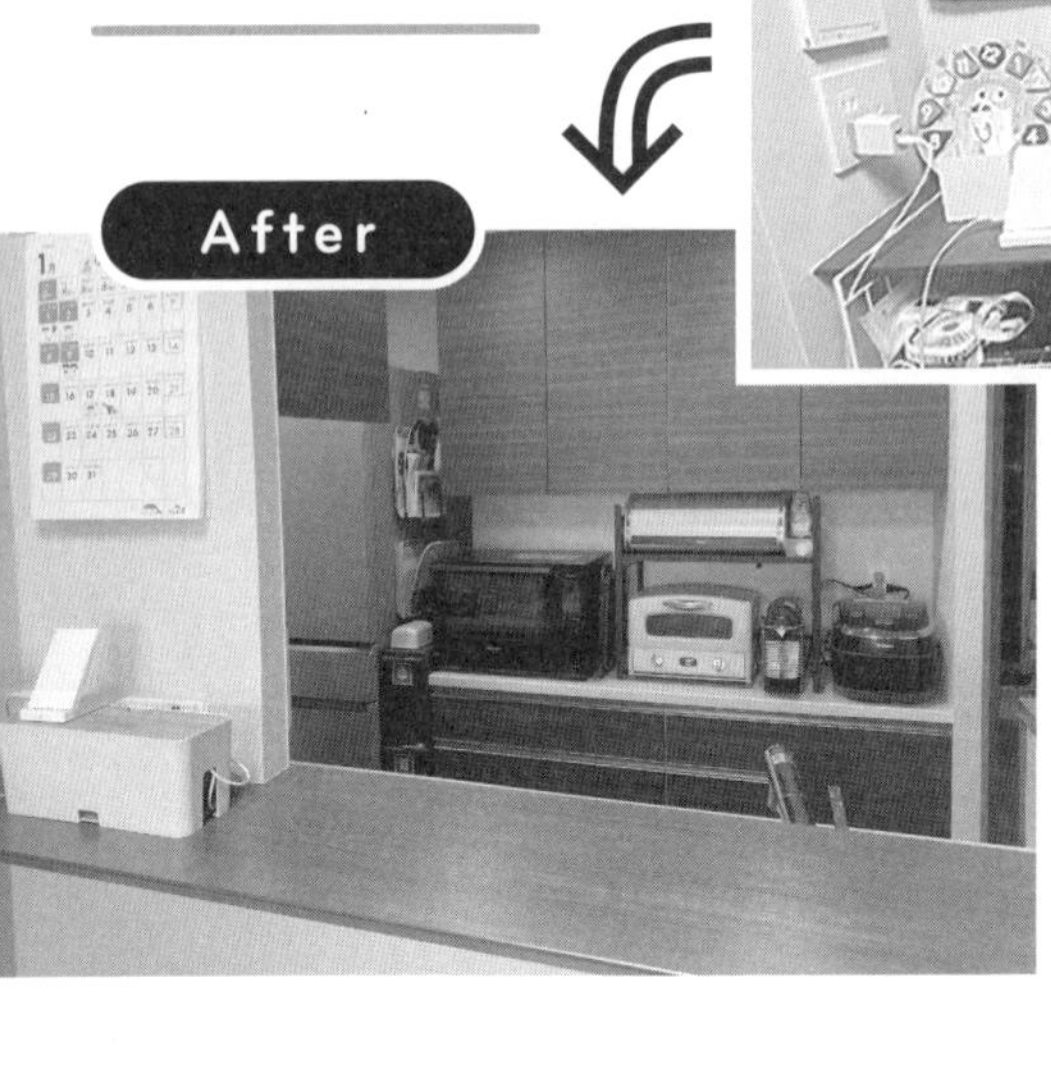

▲ついモノを置いてしまうので、カウンターの上はいつもごちゃごちゃしていました

◀家族みんなで片づけて、1日の終わりにはモノのないきれいな状態にリセット完了

変えたことで、手放す決心がついたそう。ゴミとして捨てる以外にも、フリマアプリやリサイクルするサービスを活用して、モノを減らしていきました。**「不要なモノがどんどん家の中からなくなっていくと、家の中が少しスッキリして気分がよくなるのを感じました」**

子どもたちの自主性に気づき、夫の好みも改めてわかった

片づけを進めていく中で、さちこさんと家族の関係にも変化がありました。例えば、娘に洋服の置き場所はどこがいいか改めて聞いてみると、リビングの収納スペースに置きたいという回答が。

「そこには今まで洋服を置いたことがなかったし、夫や私では思いつかない場所でした。でも、実際置いてみるとお風呂に行くときに着替えが取りやす

さちこさんは毎日忙しい中で、一つずつモノに向き合う時間を作ったことが正解でした。ご家族の協力も得られたようですし、小さな行動が大きな変化を生むきっかけになりました。

く、朝の着替えもしやすい。これまで私が準備していたことを自分でできるようになりました」

洗面所の高い棚に置いていた子ども用の保湿クリームを、娘の手の届く場所に置いたら、お風呂から上がると娘が自分でクリームを塗るようにもなったとか。

夫ともテレビやソファの配置などで話し合いを重ねました。彼女は彼女で、夫は夫で「こうしたい」という思いがあり、試行錯誤をくり返して家族にとってのベストの配置が見つけられました。

「『もっと広い家に住んでいたらきれいにできて、いつでも人を呼べるのに』って思ったことがありました。でも、違いましたね。自分で考えて、家族とも話し合って、自分できれいにしたこの家が、今はすごく気に入っています。これで子どもの友だちにも『いつでもどうぞ』って言えます！」

「何かを捨てる」から「必要なモノだけを残す」という考えに変わった

夫婦そろってため込み体質 まるで倉庫みたいな家が 生活しやすい場所に変わった

家族構成	麻衣子さん（42歳・会社員）＋夫＋子ども1人

家にモノが多い期間が長く続くと、それが当たり前になってしまいます。モノに占領されて生活できるスペースが少しずつ狭くなっても、それが不便だということに気づきません。

麻衣子さんもそんな感覚に陥っていました。夫と息子の3人で暮らす家はモノでいっぱい。家事を始める前に探し物やモノをどかす作業が挟まって時間がかかり、集中できません。

「実家も散らかっていたので、きれいな家に住んだことがなかったです。雑誌ですっきりした家を見ると、憧れはありましたが特殊なことだと思っていました。家は雑然としているのが普通なんだと」

結婚した夫も、モノをため込むタイプでした。自分以外のモノも捨てたり売ったりすることに抵抗があり、麻衣子さんが何か手放そうとすると「もったいない」「まだ使える」と声を荒らげることも。

リビング

▲家族のモノがそれぞれの部屋に収まりきらず、リビングにまであふれて散乱していました

◀リビングはみんなで使うモノなど置くモノを厳選。管理できる量まで減らしました

「夫は一人暮らしをしていたときから、自分のモノを保管するために広めの家に住んでいたんです。そこに私が一緒に住むようになり、子どもも生まれて、さらに荷物がどんどん増えていきました」

その結果、リビングなどの共用スペースもモノに占領されてしまったのです。

子どもが歩き始めると、転んでケガをするのではと麻衣子さんは心配になり、せめて床にモノを置くことをやめたいと思って片づけを決心します。

モノだらけの環境に慣れた麻衣子さんにとって、手放す行為はとても難しくつらいこと。最初は家にあったコスメの試供品を捨てることから始めました。だんだん慣れてくると、最終的には10分間で段ボール2箱分も手放せるように。

「私も夫と同じく、もったいないという気持ちが大きかったんでしょうね。でも、**『何かを捨てる』**

ダイニング

▲空いている場所があればモノを置いていたダイニング。ゆっくり食事もできません

▲家族で共用する場所にはなるべく個人のモノを置かないようにしてスッキリと

じゃなくて、**『必要なモノだけを残す』**と考えを変えてから、**手放すスピードが速くなりました。**今までいらないモノのスペースのために家賃を払っていたと思うと、もったいない！」

麻衣子さんは仕事をしながら、片づけに大奮闘。ほぼ在宅勤務で自由度の高いフレックスのため、朝4時に起きて仕事を始め、夕方早めに仕事を切り上げるなど調整して片づけの時間を捻出しました。

お母さんの頑張りを3歳の息子はちゃんと見ていた

疲れた麻衣子さんを元気づけてくれたのは、同じ講座の仲間たち。そして3歳の息子です。「きれいにできたね」「えらいよ！　すごいよ！」と、麻衣子さんが喜ぶような言葉をかけてくれて、さらに自分のおもちゃも選別するようになりました。

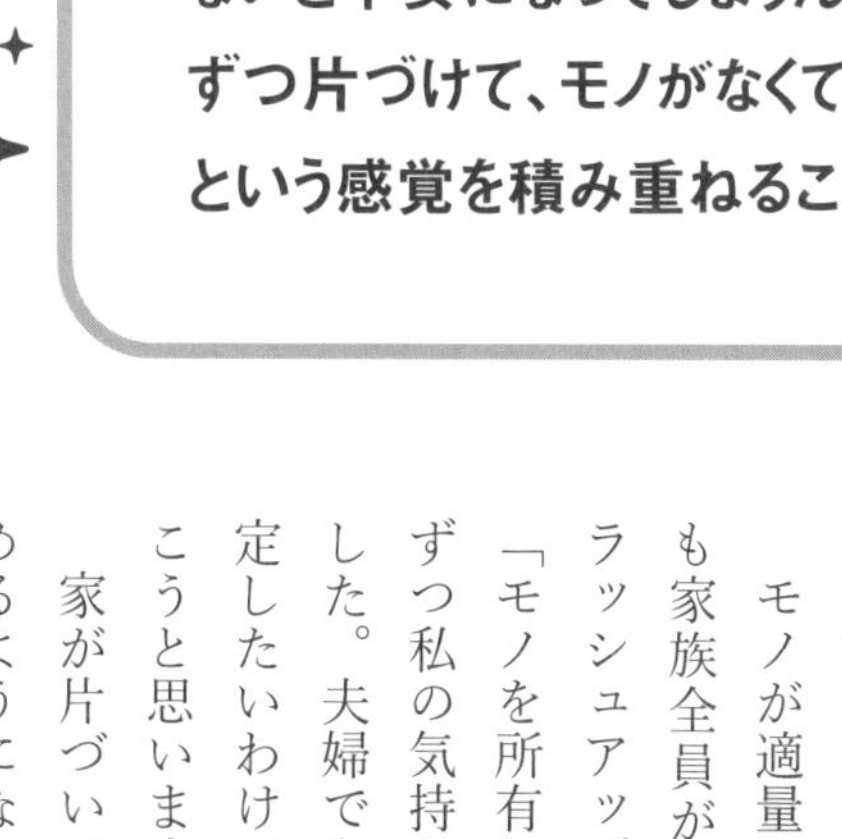

麻衣子さんのようにため込むタイプの方は、一気に片づけてはダメ。モノがないと不安になってしまうんです。少しずつ片づけて、モノがなくても大丈夫、という感覚を積み重ねることが大事。

片づけが終わると、麻衣子さんは「片づけはモノを減らすだけじゃない」とわかりました。「とにかくモノを減らせばいいというわけではなくて、自分が管理できるモノの量にすることが大切。どこに何があるかわからない、という状況が散らかってしまう原因でした」

モノが適量になった麻衣子さんの家は、これからも家族全員が暮らしやすくなるように、さらにブラッシュアップを続けていく予定です。

「モノを所有したがる夫は相変わらずですが、少しずつ私の気持ちを理解してくれるようになってきました。夫婦でも、価値観は違いますからね。夫を否定したいわけでもないので、建設的に話し合っていこうと思います」

家が片づいて頭の中も整理でき、仕事にも打ち込めるようになったことは大きな副産物でした。

「ゴミを出すのは良くない」から「モノの量を減らすのは大事」に変化

引っ越しを繰り返し
子どもも増えて片づけ不能に
悩みが消えたら素直になれた

家族構成	香奈さん（40歳・専業主婦）+夫+子ども3人

「もともと片づけは好きでした。実家には収納に関する本がたくさんあって、いつも読んでいたんです。でも、引っ越しをくり返しているうちにだんだんとできなくなってしまって……」

片づけられなくなったきっかけを話してくれたのは、小学生の2人の娘と年中の息子がいる香奈さん。転勤族の夫について海外に8年間住んでいたこともあります。日本の家の中はコンパクトながら機能的にデザインされていますが、海外の家となると事情が違います。ほしい場所に収納スペースがなかったり、逆に大きすぎて使いにくかったり。

「海外では、私の知っている収納術が役に立ちませんでした。便利なグッズがたくさん売っている100円ショップもない。どうすればいいのかわからなくなってしまいました」

日本に帰ってきてからも、うまく片づけられませ

クローゼット

▲洋服を詰め込みすぎて奥のモノが取れず、中ではカビも発生していたクローゼット

▲着ていない服を手放し、量を半分に。すべての服が見渡せて使いやすくなりました

んでした。３人の子育てをする中でモノはどんどん増え、家の中が雑然としている様子を見ては、香奈さんはいつもイライラしていました。

　夫は家が散らかっていても文句を言うタイプではありません。でも、「部屋をきれいにしたい」という思いは夫婦共通。香奈さんは意を決して片づけることにしました。

「自分はすごくモノをため込むタイプでした。『いつか使えるかも』と思うと、手放しづらい。海外に住んでいたときにゴミ問題の意識が高まったこともあり、ゴミとして捨てることも好きではなくて」

　香奈さんのクローゼットには、仕事をしていたころに着ていたスーツや母親からもらった洋服などがギュウギュウに押し込まれていました。でも、今の生活に合っていないので出番はありません。捨てる代わりに、古布としてリサイクルに出したり、お店

キッチンカウンター

▲カウンター下の使いやすい場所は、家族でいろいろとモノを置いてしまいがち

▲置くモノを見直してから量を減らし、幼稚園グッズやランドセル置き場に変身

に売ったりして手放すことにしました。今までの香奈さんは「収納」に興味を持っていましたが、**片づけは収納するだけでなく、必要以上のモノを持たないこと、モノの定位置を決めること、出したら戻すことが大事であることが改めてわかった**のです。

いつも自分だけ忙しかったのは家族と「情報共有」がなかったから

夫と子どもたちも片づけには協力的でした。

「夫からは『**もっと手伝いたいけれど、どこに何があるかわからない**』と言われ、ハッとしました。今までは私の独りよがりで片づけていたんですね」

家族でモノの定位置を共有すると、子どもたちは自ら片づけるようになりました。〝どこに何をしまう〟ということを伝える手間がないので、ストレスも軽減。

今まではモノが多い上に全部香奈さんが収納していたので、ご家族は手伝いたくてもできなかったんでしょうね。自己満足の片づけでなく、家族がチームになる片づけが大事です。

さらに時間の使い方がうまくなり、「リビングを片づけるのに10分」など、かかる時間の目安がわかるようになったと言います。

「例えば、アイロンがけは週末の夜にイライラしながらやっていましたが、今なら30分でできるとわかっています。だから、30分スキマ時間があればパパッとできて、週末にためない。これがこんなにストレスフリーなことだとは思いませんでした」

家が片づき、家事もスムーズにできるようになった香奈さんは、自分の将来について考えられるようになりました。ずっと「働きたい」という気持ちを持っていたものの、家が散らかったままでは「うまくいかないんじゃないか」という思いがあったそう。家の片づけや家事のことで悩む必要がなくなった今は、自分の気持ちに素直になり、働き方に融通がきく職場を見つけ、働き始めているそうです。

「いつか使うだろう」の「いつか」は本当に来る？

モノをいる、いらないに仕分ける作業って慣れないと結構疲れますよね。

序章で、片づけは自己決定の連続、と書きましたが、**家の中にモノがあふれている人は、モノをいる・いらないに分ける自己決定を先送りにしてしまっている**のかもしれません。

つまり、「片づけられない人の心理」で特に多いのは、**「いつか使うかも」と思ってなんとなくそのまま置いておき、いつの間にかどんどん増えてしまう**ことです。

- **何年も袖を通していない服**
- **棚の奥に眠っている来客用の食器**
- **ずっと出番がないアウトドア用品**

これらは本当にいつか使うときが来るのでしょうか？

例えば、最近ちょっと太ってしまって着られなくなってしまった服。痩せたら着よう、と思っても、痩せたときはもうその服はあなたに合うかどうかわかりません。流行の影響も大きく、年齢によって自分でしっくりくるかどうかも変わります。食器だって実際にお客さんが来て使ったことはあったでしょうか？　アウトドア用品は何かで代用できてしまうかもしれません。

「いつか使う」の「いつか」はほとんどの場合、来ることはないのです。

手放したくても「これは捨てていいのかな？」「後悔しないかな？」などと考えてしまい、自分の決断に自信が持てないのかもしれません。

でも考えてみてください。今まで手放したモノで後悔しているモノはありますか？

そもそも何を捨てたかさえ忘れてしまっていませんか？

モノの選別が苦手な人におすすめするのはまずは判断しやすいモノから始めてみること。例えば、次のようなものです。

- **サイズアウトしている**
- **賞味期限が切れている**
- **壊れていたり、傷や汚れがあったりする**

・用途が同じモノが複数ある

とにかく、あれこれ考える前に片づけのハードルが低いものから始めていって、自分の力でモノを選別し、いらないモノを家から出していきましょう。

「捨てる」と思うとハードルが上がってしまいますが、12ページでも書いたように、いらないモノを選別できたら、それは「成果物」。**自己決定した自分をほめてあげましょう**。モノによっては人に譲ったり寄付に出したりすることもできます。受講生さんの中にはいらなくなったモノをせっせとフリマやメルカリに出して、ちょっとしたお小遣い稼ぎにしている強者もいらっしゃいました。

今は使っていないけれど、手放すのはどうしても迷うモノもありますよね。

その場合、「保留ボックス」を設けて一旦よけておくことをおすすめします。

なぜなら悩んでしまうと片づけの手が止まってしまうからです。**判断に迷うモノは「保留ボックス」に入れて保管してもよいルールにすると悩む時間がなくなり、片づけのスピードがアップ**します。

また、悩むのは必要ないモノであることが多く、次に「保留ボックス」の中身を見直したときに手放せることがほとんどなのです。

私は、**モノの命は使ってこそある**と思っています。「いつか使うだろう」と思って取っておいても、実際は使っていなかったり、役に立つ場面がないとしたら、そのモノには命が入っていないも同然。そしてモノには命があるから、いつかは壊れたり、破れたり、割れたりしても、もうそれは仕方がないのです。

もちろん、災害などの「いつか」に備えておくことは必要です。しかし、いつかに備えて今の生活を犠牲にするのは本末転倒ですよね。

いつかいつかと考えるよりも、今現在気持ちよく過ごせることに視点を変えてみましょう。

彩智
POINT

モノの命は使ってこそ。命のないモノは家から出す！

「プレゼントやブランドものはとっておく」から「モノに執着しない」

汚い家に帰るのが嫌で
会社帰りについ寄り道をしていた
今は早く帰ってくつろぎたい!

家族構成	ユキさん(55歳・保育士)+夫

「キッチンや引き出しの中はけっこうきれいだったんです。でも、部屋の中にモノが散乱していて、片づけなきゃいけないとわかっていても見て見ぬふりをしていました」

そう語るのは保育士として働くユキさん。

「一度パントリーの中を片づけたことがあって、そこだけが癒やしの空間でした。ちょっと座れるくらいの広さがあるんですが、汚いリビングにいたくないので、そこに入って本を読んだりしていましたね」

片づけは進まないのに、大好きなフリマアプリを見ては買い物をする毎日。いつのまにか、収納場所からはみ出たモノが家の中に広がっていきました。

「仕事から帰ったら片づけようって、いつもイメージはしていました。でも、玄関を開けた途端にやる気がなくなって、ソファでダラダラしちゃって……」

和室

▲和室に散乱しているのは、定位置のないモノたち。押し入れの中もパンパンです

▲不用品を手放し、一つずつモノと向き合って収納場所を決めるとすべて収まりました

汚い家に帰るのが嫌で、仕事が終わるとカフェで何時間も過ごしてから帰ったことも。片づけに関する本を読んで実践したこともありましたが、納得できるところまでは片づけられませんでした。

夫とはたまに「片づけようね」と話をするものの、お互い積極的には動きません。この状態をなんとかしなければと、ユキさんは片づけ始めます。

片づけを進めるうちに、プレゼントなどでもらったモノに執着している自分に気づきました。ずっと使っていないのに、モノにまつわる思い出がよみがえると手放せません。

でも、〝プレゼントをくれた人が本当に贈りたかったのは、感謝やお祝いの気持ち〟という話を聞いて、考え方が変わりました。

「何十年も前に友人が小さなブーケをくれたときのことを思い出しました。お花はもうないけれど、も

リビング

▲床にモノが散らばって夫婦ともに居心地がよくないと感じていたリビング

◀見えるのはお気に入りのモノばかりでくつろげる空間に。夫もゆったりと床に寝そべります

らったときのうれしさや彼女の気持ちは私の中で色あせていない。それが腑に落ちてから、いただいたモノも手放せるようになりました。もちろん、残しておきたいモノは捨てていませんけど」

　さらにユキさんのモノへの執着心を和らげたのは、ずっと保管していたブランドの洋服をリサイクルショップに売ったとき。

「10着で7千円くらいになったらいいなって思っていたけれど、実際はたったの420円！　今まで420円にこんなに執着していたなんて、ショックでしたけど、なんだかスッキリしました」

手に入れたのはくつろぎの空間と〝自分でできた〟という自信

　片づけが終わったとき、今まで得られなかった満足感がありました。リビングで寝そべることが好き

ユキさんはとても感情豊かで優しい女性。そういう人こそ、いただきものが手放せないんですよね。贈り物って実は気持ちの交換。それがわかったから手放せたようですね。

な夫も、スペースが広くなって心地よさそうです。

「もし誰かにお願いしてきれいにしてもらっていたら、きっとまた汚くなってしまうでしょう。自分の手で片づけたことに意味があると思います」

かつての〝帰りたくない家〟は、〝早く帰ってくつろぎたくなる家〟に変わりました。今では、仕事終わりの寄り道は一切ありません。

「あんなに好きだったフリマアプリも見なくなりました。何も買いたくないんです。家でソファに座ってコーヒーを飲むだけで、ものすごく快適」

ユキさんは、片づけを通して「とにかく動く！」ということを意識するようになりました。

「実際に動くことで、〝自分でできた〟という自信が持てるようになりました。次は料理やインテリアも頑張って、さらに生活をブラッシュアップしていきたいですね」

思い出のモノを取っておくより、空いたスペースで新しいことをしたい

大量のモノに囲まれて泣いた日も
モノに占領されていたのは
空間だけでなく、心もそうだった

家族構成	えみさん（46歳・専業主婦）＋夫＋子ども2人

モノが捨てられないと悩む人は、あまりそのモノ自体に目が向いていません。「買うのに苦労した」「記念にもらった」など、手に入れたときの気持ちに執着してしまい、手放せないのです。

誰でもそんな経験はあると思いますが、えみさんはその気持ちが強かったと話してくれました。

「子どもの頃からモノをため込む性格。**シングルマザーだった母がくれたモノはすべて母の努力の結晶に思えて、壊れても捨てられなかった**。家の中はずっとモノだらけでしたね」

えみさんは、娘2人と夫の4人暮らし。夫の海外赴任を含めて7回も引っ越しましたが、そのたびにすべての荷物を新居に運んでいました。押し入れはもとより、部屋のあちこちに段ボール箱が積まれたまま生活していました。

次女が習っているヴァイオリンを弾こうと思って

リビング・ダイニング

▲家族の思い出の品があちこちに置かれて、雑然としているリビング・ダイニング

After

▲新調したソファでのんびりできる空間。リビングの床に娘が大きな紙を広げて絵を描くことも

も、そのスペースを作るために一苦労。子どもたちはモノが散乱している家に慣れてしまい、「こんな家じゃずっと友だちは呼べないね」と残念そうに言ったことも。

「夫は仕事が忙しく、家のことに口出ししないタイプ。家族みんながスッキリした空間での生活を諦めていました。特に私がピリピリして、文句を言わせない雰囲気を作っていました」

専業主婦とはいえ、家事に育児に忙しい毎日。夫のために毎日お弁当を作り、娘たちの習い事の送迎は週5日。その上、部屋が散らかっているので常に探し物をしたり、家事を始める前に物をどかす作業が必要だったりと、ムダな動きが多い生活でした。

そんな中、長女の大学受験を機に、家を片づけようとえみさんは決意しました。

「段ボール箱の中身を全部出すと、モノの量に唖然

子ども部屋

Before

▲大型の家具や収納に占領されていた子ども部屋。圧迫感があって居心地がよくなかった

◀家具を撤去してピアノを子ども部屋に移動。ヴァイオリンもすぐに弾けるスペースを確保

としました。でも、一度捨てても、これは海外で買ったモノだから日本では手に入らないな、と考え直してゴミ袋から取り出してみたり……」

　モノへの思いが強いえみさんにとって、モノと向き合うことは過去の自分や思い出と向き合うこと。とてもパワーが必要でした。疲れ果てて、**大量のモノに囲まれながら「なんでこんな自分を自分で作ってしまったんだろう」と泣いた夜も一度ではありません。**

　それでも**実際に手放したモノの中に、残しておけばよかったと後悔するモノはそれほどありませんでした**。そればかりか、モノに占領されていたスペースが空くと、そこでいろいろなことができるという可能性が広がることに気づきました。**モノを手放すという作業が、ネガティブなことからポジティブに変わった瞬間でした。**

えみさんはモノを捨てることに後ろめたさを感じる方でした。でもモノの量が減ったことで、今は何に対しても前向きに、フットワーク軽く行動ができるようになったようですよ！

家がきれいになったら家族の態度や行動も変わった

どんどんモノを手放すようになったえみさんの様子に、夫は当初驚いていたそう。でも、家の中がスッキリしていくことは気持ちよく、片づけに協力してくれました。ゴミ出し担当の夫は「今日は3往復もしちゃったよ」と笑うなど、以前より家族のコミュニケーションが増えました。

家が片づいたら、夫の帰宅時間が早くなり、次女はいつでもすぐにヴァイオリンの練習ができるようになりました。きれいに整頓されたキッチンで料理をし、現在は自宅を出て月に1回ほど帰ってくる長女と4人で食卓を囲むのが何よりの楽しみに。夫と娘たちは「ママのおいしい料理が一番だから、外食なんてしなくていいよ」と言ってくれるそうです。

「思い出のモノはとっておく」から「未来に必要かどうかで考える」

不用品だらけの部屋を片づけたら、家族のパワースポットになった

家族構成 | 千春さん(37歳・会社員)+夫+子ども3人

「真ん中の子が、小学4年生の2学期から体調を崩して登校できなくなって。原因は学校のストレスでした。うちの子に起きたことがショックで、そのときは受け止めきれなかった」

当時を振り返る千春さんは、時短勤務で働く3人の子どものママ。子どもを気づかい、仕事と家事の傍ら、検査入院など療養を優先しました。体がよくなれば学校へ行けるだろうと願いながら。

「年が明けて回復はしたけど、パワーが十分じゃなくて。学校へ行く怖さや、周囲の目を気にして本人は不安だったんです。でも、私は『もう行けるんじゃないの?』と思ってしまった」

親として言って聞かせなければと、言い方がきつくなることも。暗中模索でした。

視点が変わったのは、不登校の事例が書かれた書籍と出合ったとき。親の不安や焦りみたいな感情が

作業部屋

▲モノが多くて手狭に感じる作業部屋。戸建ては広い分だけモノをためやすくなります

▲モノの量をグッと減らすと、雰囲気も明るくなりました。仕事もはかどりそう

子どもに伝わっているのだろうかと、自身に目を向け始めました。

これまで家事に仕事に追われて殺気立ち、さらに不用品だらけの部屋でイライラ。そこで、SNSのミニマリストの部屋を参考に、片づけ始めます。

子どもも少しずつ前進していました。5年生の1学期からは放課後登校、2学期からは週2〜3回のペースで登校。

SNSを参考に、部屋はある程度はきれいになりましたが、決定打のようなものがつかめません。**「自分はどう暮らしたいんだろう」。迷いが生まれ、もっと未来を見据えた片づけをしたいと思いました。**

不用品を前に「本当にこれは未来に持っていきたいか」と自問自答をくり返しながら捨てるモノを選んでいたときに目についたのが、長い間、床の間に鎮座していた、巨大なぬいぐるみ。結婚式でゲスト

棚収納

▲大きな収納スペースはあるのに収納方法がわからず、棚の前に床置きをしていました

◀棚の活用方法を検討し、子どもたちのおもちゃを展示するスペースに。床も棚も余白が十分

を迎えた思い出の品です。**「モノを手放す基準として、『未来に必要か』と聞かれたら、なくても思い出は消えないと思えて」**

これが手放せると、もっと減らせると思えました。でも、はじめからうまくはいきません。「夫は『お母さん、片づけに取りつかれている』と(笑)。大量にモノを処分して不審だったみたい」

家が片づき、家事の負担が減ると子どもの〝ありのまま〟を認められた

最初は他人事だった夫もだんだん影響され、漫画本の整理を集中してやってくれました。

片づけを進めながら、どう暮らしたいのか見えてきました。**そこで出た答えが「家をパワースポットにしたい」**。**自分も家族も安心できる心地いい空間を目指して、頑張りました。**

モノを手放す基準として未来を見据えたのはよかったです。そこから「家をパワースポットにしたい」というゴールを設定でき、家族皆が本音を言えるようになりましたね。

リビングで読み散らかされていた漫画は、よく読む「一軍」だけを置くようにし、子どもたちは読んだら自分で元に戻します。収納は、戸建ての理想の6割収納にしました。下の子は、寝る前に片づけるママを見て、おもちゃを自分で片づける習慣ができました。自分だけ頑張らなくても家が整うように。

家事の負担が減ると、子どもへの対応にも変化が。「ありのままを受け止められるというか。『勉強イヤや』ってときは『そうやんな。体育と図工だけやったらいいのにな』とか、余裕がある感じです」

「年末には、家の中がだいぶスッキリしていました。真ん中の子は、年明けに学校へ行けるかなと思っていたら『行く』と言ってくれました」

家族みんなが心にゆとりを持てるようになったようです。

ずっと取ってあるそれは未来に持っていきたいモノ？

家にずっとあるモノをよく見てみると、**モノに感情が乗ってしまって手放せない**ことがあります。

私自身、3年前に父を見送りましたが、父が入院していたときに着ていた服が手放せなくて困りました。入院した日もこのポロシャツを着ていたな、これを買ったのは父の日だったな……と、服にまつわる思い出が次々と出てきてしまったんです。

受講生の中にも親の遺品が手放せず、家に持ち帰った結果、自宅にモノがあふれてしまった、という方は多いです。**思い出に浸るのは悪いことではありませんが、それがあまりにたくさんあると逆にストレスになってしまいます**ね。

遺品に限らず、モノと感情がセットになってしまって手放せないことは多いです。

Kさんは、実家のお母様から譲り受けた大量の和食器に悩んでいました。結婚した当初に譲り受けたのですが、子どもができてからは重い和食器の出番はなく、ずっと戸棚の奥にしまわれていたそう。収納が足りなくなって、お母様に思い切って相談したところ、「食器、使ってないなら捨てちゃっていいわよ」と言われ、やっと手放す決意ができたと言います。

Kさんの話を聞いていると、お母様から譲り受けた食器をずっと持っていたのは「勝手に捨てたらお母さんに申し訳ない」「お母さんにとっていい娘でありたい」という思いもあったように感じました。

このように、人からもらったモノ、実家から持ってきたモノ、子どもが小さい頃に使っていたモノなど、モノに感情が乗っているものは手放しにくいのです。

もちろん、保管する場所が十分にあり、それを自分で管理できるなら無理に手放す必要はありません。でも、取っておくモノの量をきちんと決めるべきだと思います。

たとえば、取っておくモノは箱一つ分と決める（とはいえ、箱の大きさや数は家それぞれです）。**感情ではなく、具体的な量で決めていくと、グンと取捨選択しやすくなります**。それを使っている未来が想像できないモノは「成果物」として手放しましょう。

また、人からもらったプレゼントは使っていないモノでも捨てられない、という人がいます。私はそういうモノは**気持ちだけ受け取れば、モノは手放しても大丈夫**ですよ、とお伝えします。

そもそもプレゼントってそのモノを通してその人に感謝とかお祝いの気持ちなどを伝えているのです。極論すれば、モノ自体に意味があるわけではなく、モノのやり取りに意味があるのです。それを使うのであればいいですが、そうでないなら、**相手の気持ちだけありがたくいただいてモノ自体は手放してもいい**のです。

相談者のMさんは片づけを決意して、物置の奥にあった段ボールを開けたところ、出てきたのは、大量のご祝儀袋。結婚式のときに頂いたきれいなご祝儀袋が捨てられなくて、とりあえず段ボールに入れてしまっておいたと言います。とはいえ、結婚したのは7年前。この7年間、一度も段ボールを開けたことはなく、存在さえ忘れていました。今回、出席してくれた友人たちに改めて感謝しながらご祝儀袋は全部手放したそうです。

ご祝儀袋を取っておいた人は他にもいて、中には現金が何万円も出てきた、という方も！

また、過去にやろうと思って途中で挫折してしまった資格試験のためのテキストや参考書などを捨てられずに取っておいている方も多いですね。ここで働くのは**せっかくお金を出して買ったんだから、捨ててしまうのはもったいない、という心理**です。もしかしたらまた勉強するかも?と思って手放せないのかもしれませんが、今すぐにやり始めない限り、「その日」なんて永遠に来ないもの。

今はまったく使っていないけれど「値段が高かったから」という理由で取っておいてしまうことはよくあります。そもそも、**手放さずに取っておいたところでお金は戻ってきません**。どうしても手放せないなら、58ページでも紹介した「保留ボックス」に一旦取っておきましょう。迷って取っておいたモノは、次に見たときにはすんなり手放せることが多いのです。

彩智 POINT

気持ちだけ受け取れば モノは手放しても大丈夫!

「モノを買うのが楽しい」から「モノを買うと面倒が増える」に

買って満足するコレクションの〝沼〟から抜け出し心に余裕ができた

家族構成	里央さん(38歳・接客 兼 事務)+夫+子ども1人

「いつか自分が変われたら、きれいな家で素敵な暮らしができるだろう、と思っていました。でも順番を間違えていましたね。自分を変えることよりも、まずやらなければいけないのは〝片づけ〟でした」

こう話すのは、夫と小学生の娘の3人で暮らしている里央さん。「心を変えるためには、片づけが一番いい方法だと思います」と言うほど、片づけによって人生が変わった一人です。

仕事は多忙で、週6日勤務になるときもあります。朝8時過ぎに家を出て、帰ってくるのは夜の18〜20時頃。毎日とにかく忙しく、夫や娘に「早くして!」「なんでできていないの!」と怒鳴ることも日常でした。

仕事を終えて家に帰ると、荷物をドサッと置いてすぐに家事。「後で片づけよう」と思いながらも、その日のうちに片づける時間がないので、どんどん

ダイニング

Before

▲家族で一緒にごはんを食べるスペースが十分に取れていなかったダイニングテーブル

After

◀テーブルの上のモノがなくなり、配置も変更。みんなで食卓を囲めるようになりました

荷物がたまっていきました。気づくとリビングには子どものおもちゃや夫婦の荷物があふれ、テーブルの上は半分以上がモノで埋められ、とても家族で食卓を囲める状態ではありません。「家族のために」と、片づけることを決心しました。

家の中で特に多かったのは、夫婦の趣味のコレクション。2人とも集めるのが好きで、気に入って買ったモノばかりです。でも、**目の前にあるのは、飾られることもなく、使うこともなく、箱に入ったまま。ただ家の空間を占領して、圧迫感を与えているだけ**でした。

「買って満足していただけだったんです。それに気づいたら、このグッズのせいで家の状態が悪くなっていることの方がいやだと感じるようになりました。夫の分は夫にまかせていますが、自分の分はかなり手放しましたね」

リビング

▲キッチンからの眺めは散らかったリビングと積まれた段ボール箱。いつもイライラしていました

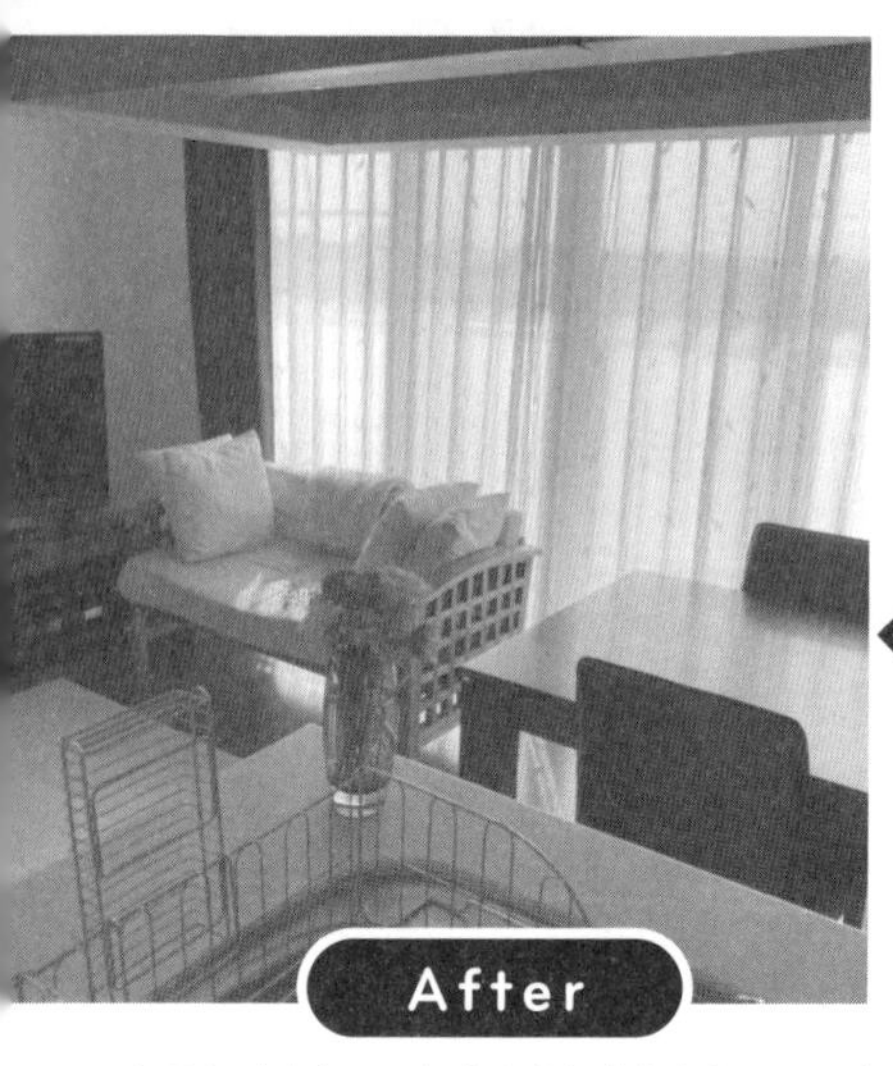

▲景色が変わって気分も落ち着きます。モノがなくなり、家族みんながくつろげる空間に変身

ここから里央さんの価値観が変わります。**「モノを買う」よりも、その後の「モノの管理」や「手放すまでの工程」が面倒だと思うように。**家の収納スペースを把握し、これ以上増やせないとわかったら気軽にモノを買うこともなくなりました。買う前に「いつ使う?」「いつ見る?」と自問してやめることもしょっちゅうです。

朝型の里央さんは、起きてすぐの時間を活用しました。家事を始める前に10分、時間があるときは1時間ほど片づけます。自分で決めたところまで片づけるので、達成感と自己肯定感もアップ。

片づけを続けたら心に余裕ができた
家族のコミュニケーションも円滑に

「片づけを始めてから家の中の空気が変わった気がするんです。そのよい状態を、家族みんながキープ

モノの収集癖がある人は、モノを集めたいのではなく、買い物をするときの一瞬の満足感を味わいたい人が多いです。買った後のことまでちゃんと想像する。実はこれが大事。

しようと支え合っている感じで。みんなの心の余裕ができたと思います。コミュニケーションは前より円滑になって、会話も増えましたね」

今まで家事をやらなかった夫が自発的にやるようになり、声をかけなければ何もしなかった娘も自分で宿題を終わらせるように。

「私があせって先に動き過ぎていましたね。片づけが進んで心に余裕ができると、私が怒鳴ることもなくなってきました」

家の次は、同じように職場も片づけました。スッキリとした環境で、思考力が高まったように感じるそう。

「今思うと、家の中がなぜあんなに散らかっていたのかわかりません。今はもうあの状態は耐えられないですね。片づけるモノが増えると自分が大変になるだけなので、すぐに片づけるようになりました」

「安いからとりあえず買う」から「今の生活に必要かどうか見極める」

モノも予定も詰め込むタイプ 片づけたら、やるべきことの 優先順位が見えてきた

家族構成	ゆかりさん（39歳・会社員 兼 自営業）＋夫＋子ども2人

ゆかりさんは、フルタイムで会社員をしながら平日の夜や週末に自営で結婚相談所もしている、とてもパワフルな女性。さらに4歳と1歳の子どものママとして、育児もこなします。

「私、やりたいって思ったら、なんでも始めてしまうんです。スケジュールも詰め込むタイプで、育休中に時間があるときは友だちとのランチとかお茶の予定をいっぱい入れていました」

子どもの頃から片づけ嫌い。それでも、やる気を出せばきれいにできたので、特に困ってはいませんでした。その状況が、結婚して第2子が生まれてから変わり始めます。

「子どもが増えたらモノの量も増えるし、家事も増える。今までできたことができなくなってきました」

家族のキャパを超えてしまっていると感じたゆかりさんは、家の片づけを優先することにしました。

リビング・ダイニング

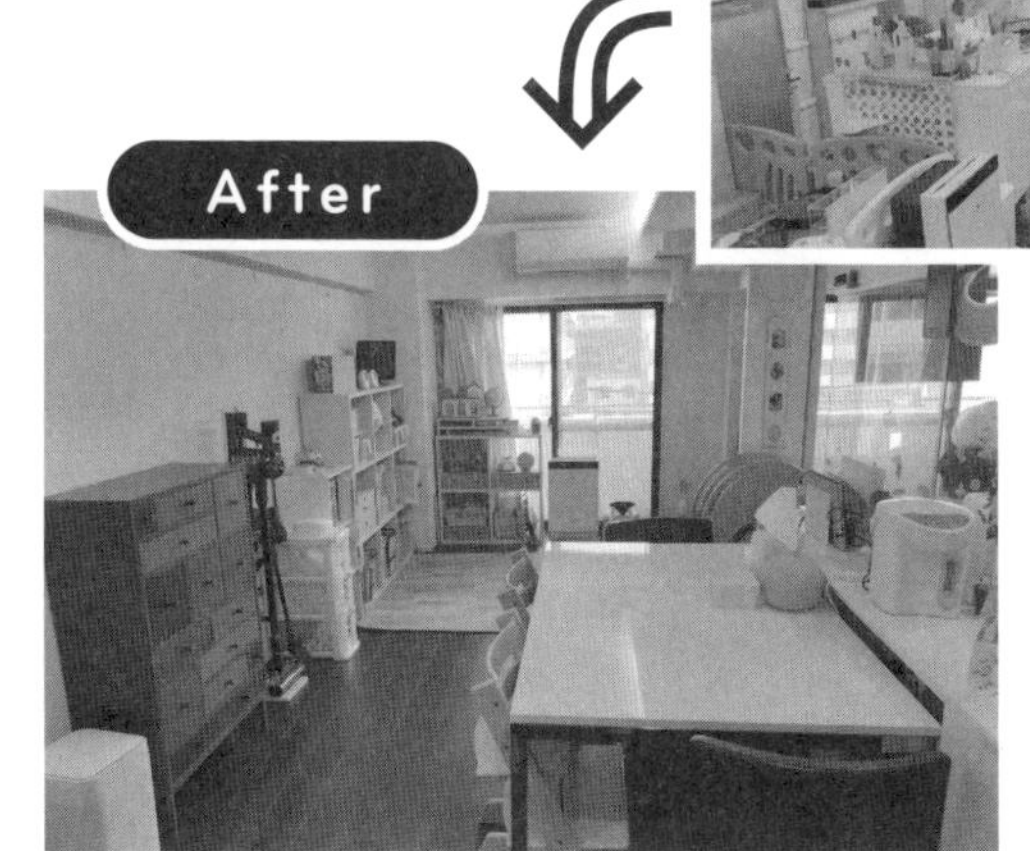

▲ごちゃごちゃしたダイニングとリビングスペース。奥にはゆかりさんの作業スペースも

◀反対側から撮影。家具の配置を少し変更して暮らしやすい環境が整いました

ゆかりさんの場合、片づけられない主な原因は二つありました。**モノの〝いる・いらない〟の判断ができないこと。そして、あまり考えずに「安いからとりあえず」なんでも買ってしまうこと。**

〝まだ使える〟ではなく、今の生活に必要かどうかという基準で〝いる・いらない〟を判断すると、家の中のモノを次々と手放すことができるようになりました。

リサイクルショップやフリマサイトも活用する中で、ある気づきがありました。とても気に入っていたけれど数回しか着ていないワンピースをフリマサイトで売ったときのことです。

「買ってくれた人が『ちょっとサイズが小さいけれど、かわいかったので買いました』という内容のコメントをくれました。そのとき、『あれ、あの服、また着てもらえずにタンスの肥やしになっちゃうの

子ども部屋

▲多目的スペースとして物置のようになっていた部屋。家族のモノが雑然と置かれています

▲モノの量を管理できる分までに減らして子ども部屋に整えました。子どもたちも大喜び

かも』とちょっと悲しくなっちゃって。最初にタンスの肥やしにしていたのは私なんですけど……」

あのワンピースは、着てもらうためにデザインされて縫製されたのに、いつまでも着てもらえない。それなら、着るかどうかわからない人が買うのではなく、最初からたくさん着てくれる人が買うべきだったのでは、と。

「モノはちゃんと使って、使いきってから手放す。これが正しいモノの使い方だと気づきました」

「モノ」の適正量がわかったら時間配分の「適量」も見直せた

それ以降、**買う前に本当に必要か、本当に使うのかを考えるようになり、思いつきでなんでも買ってしまうことをやめました**。すると、家の中のモノが適量になり、定位置が決まって、どこに何があるか

片づけをしてモノの適正量を知ったゆかりさん、生活の優先順位にも気づけたようですね。同じ人でも年齢などによって優先順位は変わります。時々見直すことが大切ですね。

きちんと把握できるようになりました。**自分にとって「モノ」の適量がわかったゆかりさんは、「時間配分」の適量も見直すことにしました。**

「やりたい！」と思って会社員と結婚相談所を6年以上兼業し、どちらも順調でしたが、家族の時間を優先するために少しセーブしようと考え始めます。「買わない」ことと同じように、「やらない」を決めるタイミングでした。

「全部自分がやりたいことだからとやってきましたが、ちょっとキャパオーバーでした。すべて思うようにやりきれないストレスを抱え、家庭に不和が生じるなら本末転倒ですよね。今は何を優先すべきか、常に考えるようになりました」

以前は時間が空くとすぐに友だちとのランチやお茶の予定を入れていましたが、今は家族との時間をゆっくりと楽しむようになりました。

「ストックがあるから安心」から「ストックを減らしてスペースを作る」

つい多めに買ってしまい
モノを詰め込むクセをやめたら
部屋も心も余白ができた

家族構成	ミオさん（46歳・学校関係）＋夫

散らかっている家にいると、人は知らないうちにストレスを感じています。目に入る情報量が多いために脳が疲れてしまうことが大きな原因です。

さらに「片づけなきゃいけない」と思うことも原因の一つ。「きれいな家で暮らしたい」という理想があるにもかかわらず、現実はそうなっていないからです。

ミオさんも、そのようなストレスをずっと抱えていました。

フルタイムで働く仕事の忙しさに加え、料理や洗濯、2年前に迎えた犬のお世話などを優先すると、時間はあまり残りません。

「週末になったら片づけようと思っても、結局片づけられない。日曜日の夜になると『またできなかった』と後悔することのくり返しでした」

夫も片づけが得意ではなく、同じようにストレス

リビング

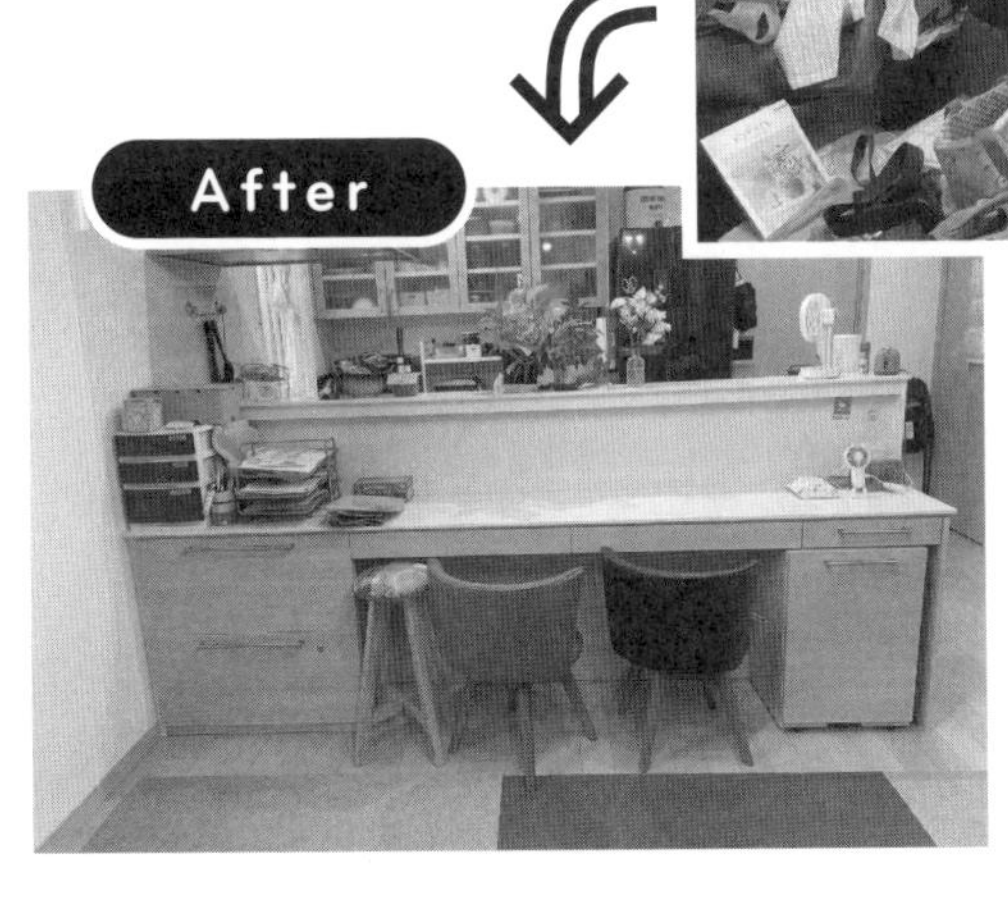

▲ソファの上にモノがあふれて、まったくリラックスできないリビングとカウンター

◀夫婦並んで食事ができるほどきれいに。ソファを撤去したので空間を広々使えます

を抱えている様子でした。夫と自分、そして愛犬も過ごしやすい家にしたい。変わりたいという思いで、苦手な片づけに着手しました。

ミオさんはモノのストックがあると安心するタイプで、買い物のときについ多めに買ってしまいます。これが、家が散らかっている大きな要因でもありました。次に買う目安の残量を決めたり、買うまでに時間をおいて検討したり、家の中に置くモノの量を減らすことを徹底しました。

また、**収納場所にデッドスペースがあると押し込むようにモノを入れていましたが、そうすると取り出しにくくて戻しにくい。**これも散らかることにつながります。デッドスペースはそのまま空いた状態にすることにしました。

すると、家の中がスッキリしてきました。

「余白ができると、気持ちにもゆとりができたよう

物置部屋

▲定位置の決まっていないモノをなんでもしまい込む物置として使っていた部屋

▲夫婦がいない間に犬が過ごす専用の部屋に。誤飲やケガの心配が減ってみんなハッピー

に感じます。少しずつ片づけが終わるごとに、ずっと心にあったモヤモヤが減っていきました」

理想は広いスペースのある部屋 予想以上の変化に夫も驚いた

夫とは、「どんな家にしたいか」ということをじっくりと話し合いました。二人の共通の想いは「お掃除ロボットと犬が走り回れる家にする」ということ。ゴールが決まると、そこに向けて団結して進めます。そして、自然とモノの〝いる・いらない〟も判断しやすくなりました。

夫婦で頑張ってきた片づけでしたが、終盤に夫が入院するという予期せぬ事態が起こりました。ミオさんはひとりで片づけをやりきり、退院した夫は生まれ変わったようにきれいな家を見てとても驚いたそう。

部屋の状態は心の状態を表すって言いますが、ミオさんも部屋に余白ができたことで心に余裕が生まれたんですね。不安があると余白にモノを詰め込みたくなるので要注意。

「帰ってきた瞬間、「おお～」って地響きのような声を出していましたね（笑）。『頑張ってくれてありがとう』とも言ってくれました。今は世界がキラキラして見えます！」

お掃除ロボットも犬も走り回れるようになり、犬の表情も前より豊かになりました。

ミオさんは、片づけができない自分への劣等感や、「片づけないと」と思う焦燥感から解放され、次の夢も教えてくれました。

「職場で接する生徒の中には、家庭でモヤモヤを感じている生徒もいます。片づけられなかった頃の私と同じように、何か気持ちの整理ができていないんじゃないかな、と。方法は検討が必要ですけど、生徒たちのモヤモヤも解決してあげたいです」

ミオさんの人生の変化は、他の人へと波及していきそうです。

「買って満足」の人は要注意 増えた分だけ家事も増えます

家から少しずつ いらないモノを出していっても、またどんどん新しいモノを部屋の中に入れてしまってはいつまでたっても片づきません。

特に気をつけたいのは、次のような方です。

・セール品・限定商品に弱い

人間は「得をしたい」と思うより、「損をしたくない」と思う気持ちの方が強く出る、と言われています。セール品や限定商品をつい買ってしまう行動もこれを逃すと損するのではないかという〝不安〟から買い物に駆り立てられているのです。

・新しい製品が出ると買いたくなる

新しいモノを買うのが好きな人の中には、買ってしまうとそこで満足してしまい、数回使うとどこかにしまいっぱなしにしてしまうことも。また新しいモノを物色したり、それを買ったことさえ忘れて同じようなモノを買ってしまう人もいます。

・モノを買うことでストレスを発散している

毎日忙しくて心に余裕がないと現実逃避をするかのように、ネットショッピングや〝推し活〟に夢中になる人がいます。そこで不要なモノやグッズ購入などをして部屋の中にモノが堆積するという結果に。

未就学児のお子さん2人がいるMさんはフリマサイトで買い物をすることが日常の楽しみであり、ストレス発散でもありました。子ども服はサイズが合わなくても、もうじき大きくなるから、とポンポン買い込んでいました。買ったモノを押し入れにしまい込んでいた結果、気づいたらほとんどサイズアウトしたモノばかりになっていたそう。これなどは典型的な「買って満足」してしまったケースです。

私は、**「モノの量は家事の量」ということを皆さんによくお伝えしています**。

ペットボトル1本だって家に持ち込んだら、ペットボトルの中を水ですすぎ、ラベルを剝がし、ゴミ箱にまとめ、ゴミの日に持っていくという家事が生まれます。

そう考えると片づけや家事はモノを家に入れる前から始まっています。

家族に家事を任せる前に、「この量だったらできる」と思える適正な家事のボリュームにしておきましょう。そこで**最初にできるだけモノを取捨選択して、不要なモノを家から出し、量を最適化する**のです。

ちなみにわが家では、タオルは一人3枚と決めています。枚数が少ない分、本当に自分が使い心地のいいタオルを厳選し、使ったら洗濯し、乾いたらまた使う、ということを繰り返しています。くたびれてきたら、パッと全部交換。

来客用のタオルは何枚か用意していますが、置いておいても気分が上がらないお店や会社のロゴが入ったタオル、手拭いなどは家に置かないようにしています。

家族が多いご家庭なら、一人3枚もいらないかもしれません。基本、朝洗えば夕方には乾いているのですから、そのまま使えばいいのです。ストックしてあるモノを新たに使うと洗濯物はどんどん増えてしまいます。

食器類も普段使う数は決めていて、使う、洗う、しまう、の家事をできるだけシンプルにするようにしています。

これまでは買うことが大好きだった人も、**片づけを始めてモノを捨てる大変さを知ると、本当に必要なモノだけに囲まれて暮らしたい**と思うようになります。そうすると**買い物も減って、結果、毎月の支出が数万円単位で減った**という方も。

そもそも家の中に、子ども部屋でも書斎でもなく、**使わないモノでいっぱいになっている物置部屋があるとしたら、その部屋にも家賃やローンを払っている**ことになります。そちらの方がもったいないと思いませんか？　片づけをすると、家事を効率化し、金銭感覚が磨かれるようにもなります。

・サブスクで買っていたモノを見直すようにしました
・○○専用という調味料は買わないで自分で作るようになりました
・以前はよく買っていた百均の便利グッズにもときめかなくなりました

このような声をよく聞きます。

本当に欲しかった心落ち着く空間が手に入ったら、買う必要のないモノも自然にわかるようになりますよ。

彩智 POINT

物置部屋にお金をかけず、心落ち着く空間を作ろう！

Column 1

モノの「絶対量」を減らすフローチャート

家の中にあるモノと、一つひとつ向き合ってみましょう。それは思い描く未来に持っていきたいモノですか？ 最後に使ったのはいつですか？ 「なんとなく取っておく」のではなく、大切に使うモノだけを残しましょう。

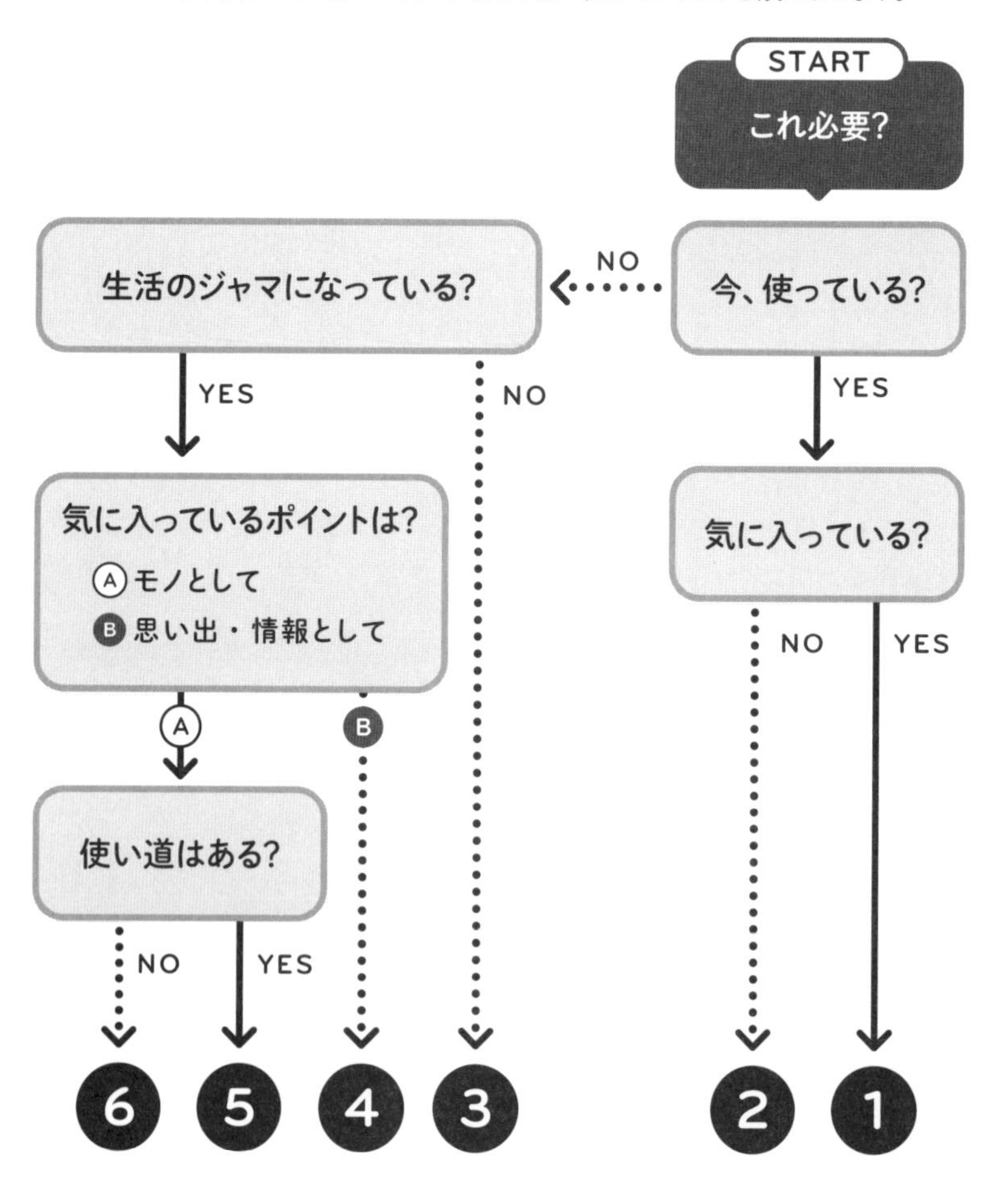

チャート結果解説

❶ 残す

使っていて、しかも気に入っているモノは、捨てると生活に支障が出てしまいます。置き場所をきちんと決めて取っておきましょう。

❷ 代替品に変える

使うことはあるけれど、気に入っていないモノは、思い切って手放し、代替品に変えることを考えてみましょう。（例／フライパン［重すぎて使いづらい→軽いモノに買い替える］、ランチョンマット［汚れが目立つ→新しいモノを買う］）

❸ スペースに制限を設けて残す

ジャマになっていないのであれば、あえて手放す必要はありませんが、増えすぎるといつかジャマになります。「この箱に収まるだけ」といったようにスペースに制限を設けてそれ以上になったら手放す、といったルールを決めて管理しましょう。

❹ データ化する

手紙や子どもの作品など、「思い出」に価値があるモノは、データとして保存し、モノ自体は手放します。もしくは、❸と同じように「箱ひとつ分」など、スペースに制限を設けて残します。

❺ 使う

捨てられないほどの品で、使い道があるのであれば、しまい込まずに思い切って使ってみましょう。（例／来客用の食器→日常使いにしてみる）

❻ 手放す

使い道もなく、生活のジャマにもなっているのであれば、なくても問題なし！　ため込まず、手放しましょう。

2章

思考のクセを変える

「苦手な家事は後回しでいい」と思っていたが、一度、片づけを優先させた

フルタイムで子ども4人 思い切って片づけをしたら 暇な時間ができた

家族構成	睦子さん（48歳・看護師）＋夫＋子ども4人

「小さな子どもがいるから」「仕事が忙しいから」「時間がなくて」……。

片づけられない理由は、いろいろあります。睦子さんもそうでした。

フルタイムで看護師の仕事をこなし、家では18歳から9歳まで4人の子どものママでもある睦子さん。家族の人数に比例してモノの量が多く、いつも散らかっていました。

「家事の中でも片づけが苦手なので、後回しにしちゃうんです。あとは看護師という職業柄か、緊急性と重要性を考える癖もあって、食事など生きることに直結するようなことを優先していました」

夫と4人の子どもたちも片づけは苦手。一度、業者に依頼して家の中を片づけたものの、すぐに家族それぞれモノが増えていき、また元の状態に戻ってしまいました。本当は人を家に招くことが好きなの

ダイニング

▲食事が並ぶはずのダイニングテーブルは部屋の端に追いやられてモノを置き放題

◀テーブルがダイニングの中心に戻りました。ごはんを囲みながら家族の笑顔が飛び交います

にそれもできません。

「雑誌を参考に片づけてみたこともありました。でも続かないし、うまくいかない。誌面には理想論が書かれていると思っていましたね」

睦子さんはなんとかしたいと、片づけのプロに教わりながら一度、片づけを優先的にやることを決意しました。

モノの〝いる・いらない〟は、「昔よく使っていたな」という感傷的な気分に左右されず、学んだ通りに判断するとどんどん手放せるようになりました。**手放すモノを入れたゴミ袋がたまるたびに喜びを感じるように**。

夫や子どもたちのモノも「○日までにいるかいらないか決めてね」と、判断をお願いするようにしました。**一方的に睦子さんの考えを押しつけるのではなく、自分のモノは自分で判断してもらいます**。

階段

▲睦子さんがずっと気になっていた場所。階段にまで床置きのモノがいっぱいで昇降も困難

▲念願の床置きゼロ。家族ですれ違うこともできて転倒リスクもなくなりました

「みんなちゃんとやってくれたので、モノの量が激減。探し物の時間がほぼなくなりました。**部屋がきれいになって勉強に集中できるようになったのか、子どもたちの成績も少し上がったん**ですよ」

時間の使い方が変わり、新しいことを始めたくなった

睦子さん自身も片づけを通して時間の使い方が変わったことだそう。

「『ここは10分で片づけられるな』とか『5分あればきれいにできる』ってわかるようになったんです。何かをするためにわざわざ時間を確保しないといけない、という感覚がなくなりました」

これまでムダにしていたスキマ時間をうまく活用できるようになると、時間的な余裕が生まれます。

「仕事や家事の量が減ったわけでもないのに、暇な

子どもがいるから、仕事が忙しいから、など時間がない理由はたくさんあります。でも睦子さんはそれを見事に覆しましたね。片づけが上手になると、時間管理も上手になります。

時間ができたんです。『こんなにのんびりしていて、いいのかな』って思うときも（笑）。私、新しく始めたいことがいっぱいあるので、できた時間を使ってどんどんやろうと思います」

以前は楽しそうなことを計画しても、なかなかエンジンがかからずに動き出せなかったという睦子さん。「時間があって健康だったら、なんでもできる！」と、とてもポジティブに変わりました。

「片づけで得られるのは、家がきれいになるだけじゃないんですね。時間と気持ちに余裕ができて、おかげさまで子どもの成績も少し上がったし。あとは、私の収入も増えるといいですけれど（笑）」

睦子さんの場合、片づけを後回しにする理由はいくらでもありました。でも、いつまでもそうしていては、何も変わりません。思い切って片づけを優先したことで、睦子さんの人生は開けてきたようです。

「忙しくて片づけができない」から「片づけの後回しは時間の無駄」に

娘の中学受験を機に片づけを決意。娘も私も前向きに変われた

家族構成	カオリさん（43歳・フリーランス）＋夫＋子ども2人

ライフステージが変わると、それに合わせて家や生活環境を整える必要に迫られることがあります。でも、「片づけるのが苦手」「時間がない」と後回しにしてしまうことはよくあります。

食に関する仕事をしているカオリさんも、暮らしやすい家にしたいと思いつつ、仕事・家事・育児に追われてなかなか動けませんでした。

「長女の中学受験で、勉強に集中するために子ども部屋をきちんと整えようと思っていました。本当は去年の今頃には部屋が完成している予定だったんですけど、どんどん延びてしまって……」

カオリさんは幼い頃から洋服をたたんだりしまったりすることが大の苦手。いつも山積み状態でよく母親に怒られていたそう。結婚して子どもができてからも変わらず、家族で着る洋服を探すところから朝が始まります。

物置部屋⇒子ども部屋

▲引き出しも開けっ放しで衣類やバッグが散乱。管理できていないので探し物も多かった

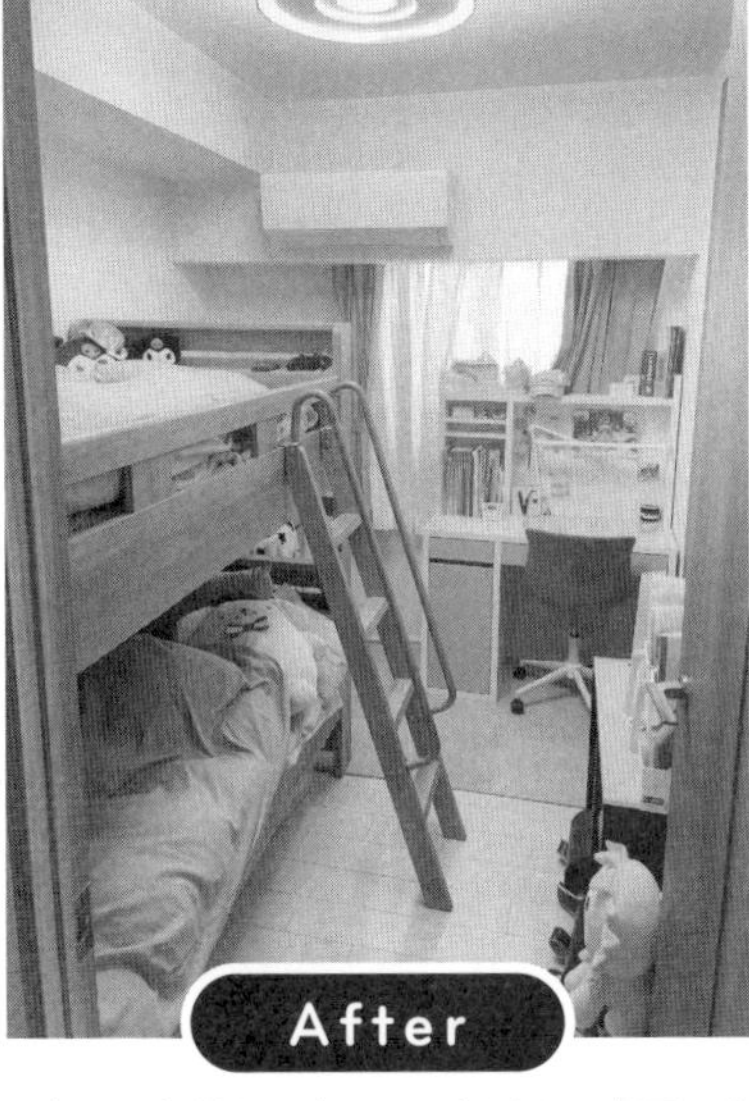

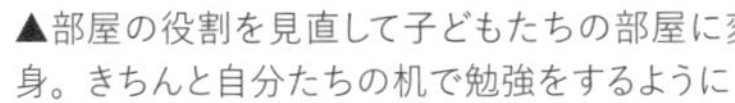
▲部屋の役割を見直して子どもたちの部屋に変身。きちんと自分たちの机で勉強をするように

「靴下が見つからないとすぐ買ったりして衣類が増え、よけい管理ができなくなっていきました」

2人の娘たちの成長とともにおもちゃ類は減りましたが、こまごまとしたモノで、家の中がさらに散らかるようになってしまいます。

塾のテキストが見つからない、バッグがない、カギはどこ……と、**探し物で家族が言い争いをすることが増えました。加えて、長女の気持ちが不安定になることが多くなるように**。

カオリさんは、後回しにしていた片づけを始めるのは今だと決意しました。

食に関する仕事柄、キッチンの棚には大量の食器がありましたが、思い切ってたくさん手放しました。

「そのときに、なんとなくですが『ありがとう』の気持ちを込めて塩をふってから手放すようにしたんです。そうすると、自分の中でもスッキリして、片

キッチン

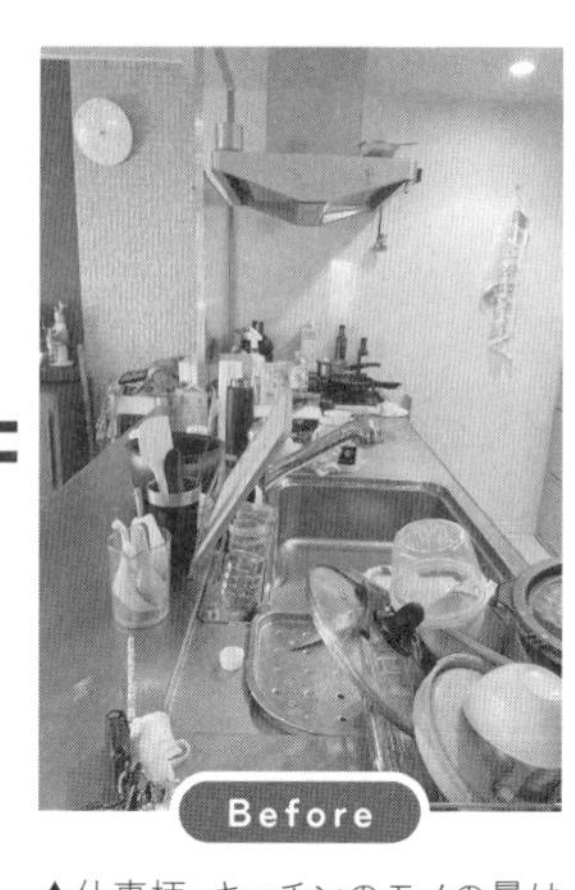

▲仕事柄、キッチンのモノの量は多め。どこに何があるかを把握できていなかった

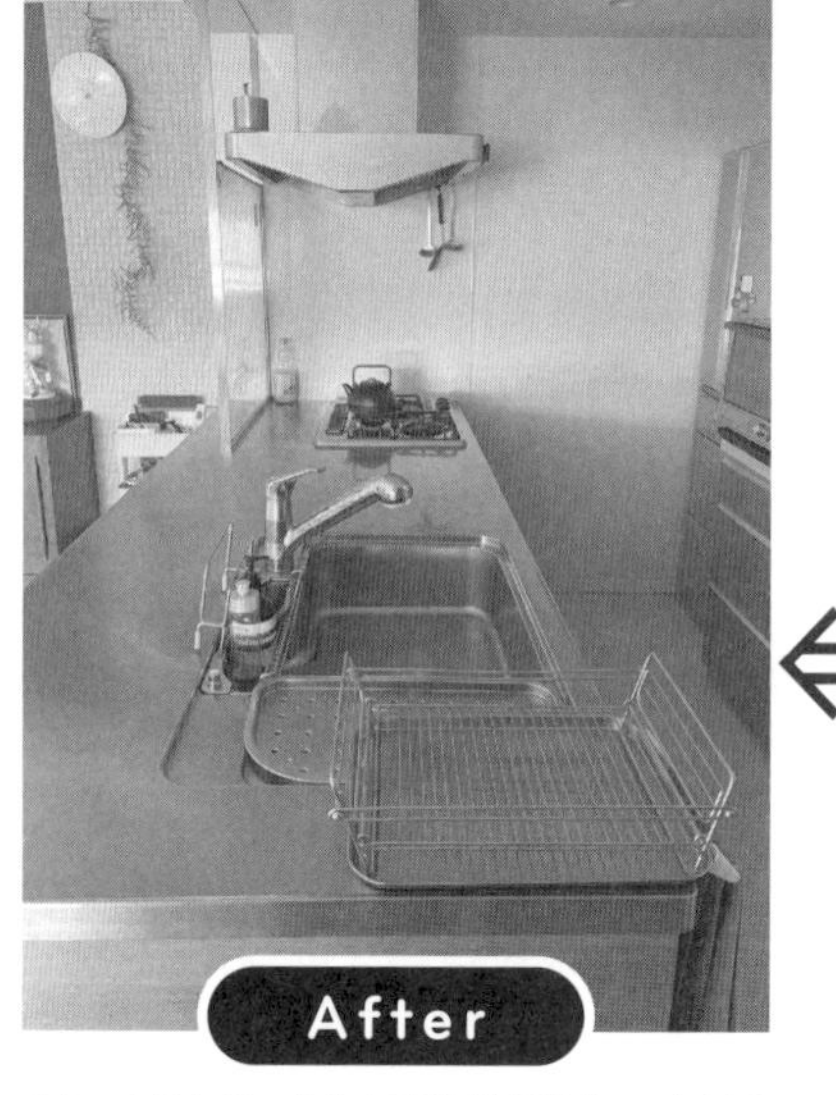

▲しゃもじなどの小物も定位置が決まって毎日きれいにリセットしています

づけのスピードがアップしました」

苦手だった洋服の管理は、全体の量を減らすことで大きく改善しました。さらに、洗濯物を取り込んだらすぐ部屋の収納場所に戻すように習慣づけたら、洋服の山積みがなくなりました。

部屋の使い方も見直して子ども部屋を新たに作った

そして、3LDKの家の改造にも着手。部屋の一つを子ども部屋にして、他の部屋も使い方を見直しました。家具を移動したり処分したりと、かなり大がかりな作業でしたが、業者の力も借りて完了。

「子どもたちの部屋ができたら、自分のモノを管理できるようになって、『あれがない』と騒ぐことがものすごく減りました。長女も気持ちが落ち着き、無事に志望校に合格できました！」

カオリさんのように、子どもの受験を機に片づけをする人は多いです。子どもの受験で親ができることって究極的には子どもが安心できて、勉強に集中できる場づくりだと思います。

カオリさんは、「後回しにするのは時間とエネルギーの無駄」と実感しました。**後でやるということは、未来の自分に課している〝負の貯金〟が増えていくようなもの**。時間は有限なので、今後は無駄にしないと誓いました。

「海外では『バタバタして……』と忙しいことを言い訳にする人は自己管理ができていないことを自分から言っているようなものだ、という話を聞いてハッとしました。私ずっとそうだったな、って」

今までカオリさんは目の前のことに追われるばかりで先のことまで考える習慣がありませんでしたが、今は違います。

「フリーランスは、競争の激しい世界で若い人たちもどんどん活躍の場を広げています。不安もありますが、新しいことに挑戦しようと勉強会に申し込んだところです」

片づけを後回しにして10年 娘と一緒に片づけをしたら 反抗期だった娘の笑顔が増えた

家族構成	みかさん（40歳・教育関係）＋夫＋子ども2人

みかさんに大きな変化が起こる前、家の中はモノであふれていました。記憶の中の実家も、小さな頃からモノが散乱している状態。実家の近くにある祖母の家も散らかっていて、きれいな家で生活をしたことがほぼないまま、みかさんは大人になりました。

床置きされているモノをどかさないと、部屋のドアは開かない。取り込んだまま放置している洗濯物にゴミが混ざる。毎日がこんな感じでした。

〝子どもが幼稚園に通い始めるまでに〟と思っていた片づけはどんどん後回しになり、気づけば達成できないまま10年が経過。

散らかった家では、「友だちを家に呼びたい」「料理のお手伝いをしたい」という子どものささやかな願いも叶えてあげられません。

「こんな自分を変えよう」と、今までにない強い気持ちで片づけを決意。

リビング

▲床置きのモノが散乱しているリビング。モノをどかさないと隣の部屋へも行けません

▲床のモノがなくなると見違えるほどきれいに。広々と使えるようになりました

みかさんは、モノを手放す判断も後回しにしていました。

例えば、子どもが赤ちゃんのときの洋服。「もう着られないから手放そう。あ、でもリメイクすれば何かに使えるかもしれない。ぞうきんとか。いや、思い出もある洋服をぞうきんにするのもどうなのか……」と、決断できないまま置きっぱなしになるというモノばかり。

片づけのプロからモノを手放す基準を学ぶと、〝いる・いらない〟の判断がスムーズになりました。

小学5年生の娘にもコツを伝えると、自分でいらないモノを次々と手放すように。今まで片づけられないと思っていましたが、みかさんと同じようにやり方がわからないだけだったのです。

娘と一緒に片づけると、家の中から出た45リットルのゴミ袋は、合計でなんと65袋！

納戸

▲定位置のないモノをとりあえず詰め込んでいた納戸。足の踏み場がなく、奥まで進めないことも

◀必要なストック品やかさばるモノなどを収納できる、機能的な空間になりました

「片づくことが楽しくなって、娘とのコミュニケーションも円滑になりました。反抗期だった娘が、片づけ終わる頃にはそんな素振りをまったく見せなくなったんです」

片づけで気づいた娘の気持ちと息子の〝できること〟

家が散らかっていたときは家事がしにくかったり、探し物が多かったり、みかさんはいつもイライラしていました。娘は本当はみかさんと話したかったのに、余裕がないためにあまり聞いてあげられず、娘もイライラして反抗的な態度につながっていたのです。**家が片づいてからは気持ちも時間も余裕ができて、娘の話をたくさん聞いてあげられるようになりました。**

片づけによる変化は、息子にも起こります。

片づけをしようと思って10年経過。意外とあることです。でも65袋もゴミを出したら絶対、生活も気持ちも変わります。家族の様子もしっかり見ることができたんですね。

「実は息子には重度の知的障害があって、自分で片づけはできません。でも、学校ではリュックを自分の場所に置いたり、校内着に着替えたり、ルーティンはこなせると先生から聞いていたので、家でも片づけを教えてみようと思ったんです」

　モノの定位置を決めて、取り出しやすく、戻しやすい仕組みを作りました。すると、「脱いだ上着はどうするの？」と声をかけると、自分でハンガーにかけられるようになりました。子どもたちのためにも片づけてよかったと、夫と喜び合いました。

「**片づけで、自分の気持ちがこんなに変わるものかと思いました**。家族へかける言葉も変わったし、スッキリした家だと朝起きたときに気分がいいんです。〝今日もいい一日になりそうだ！〟って」

　今後の目標は実家と祖母の家も片づけることだそうです。

後回しグセのある人に言いたい「後でやろうはばかやろう！」

毎日目の前のことに追われ過ぎていて、大事なことを今決められない。いざ決めようとすると不安になって後回しにしてしまう。これが後回しグセのある人の特徴です。部屋が片づいていないと、さらに行動を後回しにしたくなるもの。

小学生のお子さんがいるTさんもそうでした。

子どもが学校からもらってくるプリントを渡されてもいつも「後で見るからそこに置いておいて」。とはいえ、リビングはモノで溢れているのでプリントもすぐにどこかにいってしまい、提出物が遅れることもしょっちゅう。遠足の写真販売の締め切り日を伝えるプリントも見逃してしまい、写真購入ができなくなってお子さんが大泣き。

ある方は、お子さんの大学に関する大事な書類をなくして学費を払い忘れ、お子さんとの関係性がめちゃくちゃ悪くなってしまったという、後回しグセが取り返しのつかない惨事になってしまったケースもあります。
そこで、後回しグセをなくすための五つのポイントを紹介します。

1　ノリでやらずに予定を決める

片づけを始める際はその場のノリで行うのではなく、事前に○月○日の何時から行う、というように予定を決めることが大切です。

2　小さな目標を決める

なんでも一気に片づけようとするのではなく、「今日はリビングのこの範囲」と小さな目標を決めて行うことが大切です。

3　時間を設定する

人は時間を決めていないとダラダラ行ってしまいます。なので、「10分間」とタイマーなどで時間を決めて行いましょう。

4　頭を使わずにとりあえずやってみる

いろんなことを考えてしまうとそれだけで時間が過ぎてしまうので、まずは手を動かしてみることが大切です。

5 今やるべきこと以外は目を向けない

いろんなことに気が散ってしまうと、片づけようと思ってもなかなか進みません。やるべきことだけに集中して実行していきましょう。

講座では最初の2週間に朝の10分片づけ、通称「朝活」をやります。なぜならまさにこの五つのポイントを網羅しているからです。

「片づけたいけれど時間がない」という方でも、1日10分は作れるでしょう。「忙しい朝に10分も無理！」と思うかもしれませんが、夜は判断力が鈍りますし、朝の方が習慣化しやすいのです。

コツは、**なんとなく片づけるのではなく、「この10分でここだけきれいにしよう」ときちんと決める**ことです。10分あればキッチンの棚の引き出しを一つ片づけられます。1週間も続けると、キッチンの棚全体を片づけられるかもしれません。たかが10分、されど10分です。

実際に実行した皆さんが口を揃えておっしゃるのが、**10分間の時間の大切さを実感した**、ということです。思い通りのゴールまで達成できなかったら翌日はもっと小さいゴールにするか、スピードアップをしてみればいいのです。講座ではみんな「後でやろうはばかやろう」を合言葉に頑張っています！

たった10分間でも片づけをすると頭も心もとてもスッキリして、前向きに1日がスタートできます。

慣れてきたら、この10分を、片づけ以外にも使ってみてください。洗濯物をたたむ、床拭きをする、読書する……など、なんでもOK。自分が10分でできることを把握できると、1日のスキマ時間がどんどん活用できるようになります。

今までなんとなくスマホを眺めて過ごしていた10分が、有意義な時間に変わり、いつしか大きな成果となってきっと自分に返ってきます。

彩智
POINT

まずは朝10分の片づけにトライ
時間の使い方がうまくなる

「自分は片づけられない」と思っていたが、少しずつやれば確実にできた

「病気だ」と言われるほど片づけが苦手だった そんな私でも片づけられた！

家族構成 | 真由子さん（55歳・歯科衛生士）＋夫＋子ども1人

真由子さんは、小さな頃から片づけが苦手でした。当時はそれほど困ることはありませんでしたが、生活に影響してきたのは、就職をしてから。「仕事で疲れて、家に帰ると何もやる気が起きなくて。最低限の家事として料理と洗濯はしましたが、片づけや掃除までは手が回りませんでした」

結婚してからも片づけは苦手なままで、子どもが小学校入学のタイミングで引っ越した家も、すぐにモノでいっぱいになりました。**夫も息子もどこに何があるかわからず、手がつけられない状態に**。

夫は片づけが得意というわけではありませんが、自分のモノは把握していて、それなりにきれいな状態に保つことはできました。夫が探し物をするたびに、ケンカになりました。夫からは、「なぜ片づけられないのかわからない」「片づけられない病気だ」と言われたこともあります。

ダイニング

▲置きっぱなしのモノをどかしながらなんとか食事を並べていたダイニングテーブル

◀モノがなくなりスペースが広がりました。料理の品数も増えて家族の憩いの場に

「息子はモノだらけの家が普通だと思っていて、小学生のときに友だちを家に連れてきたことがあるんです。そうしたら夫が『こんな汚い家で恥ずかしい！　もう家に人を呼ぶな！』と、怒りました。それ以来、今は成人している息子が友だちを連れてきたことは一度もありません」

夫にも息子にもずっと申し訳ない気持ちを抱え、自分なりに努力をしました。片づけのノウハウ本を買って読んだこともあります。でもやっぱりうまくいかず、自分でも「これは病気なんだ」と思うようになったと言います。

どうしても現状を打破したい。そう思った真由子さんは、他の家事よりも片づけの時間を作ることにしました。**フルタイムで仕事をしている真由子さんは、時間を捻出するために残業ばかりだった業務をコントロール**。これまで「自分がやらないと」と必

洋室

Before

After

▲洋室には足の踏み場がないほどモノを押し込み、誰も手をつけられない状態でした

◀真由子さんのモノは一つずつ〝いる・いらない〟を判断。残っているのは夫と息子のモノのみ

要以上に抱え込んでいた仕事を、後輩に割り振るようにしました。自分の仕事も手早くこなすようにすると、以前より2時間近くも早く帰れるように。

キッチンがきれいになって料理も食事も楽しくなった

家の中を改めて見ると、棚からモノがはみ出して床置きがいっぱい。3LDKのうち、一つの部屋は完全に物置状態です。

「私の場合、どれが大事なモノなのかという判断が難しくて全部手放せなかったんです」

家にあるすべてのモノを一つずつ手に取り、〝いる・いらない〟の判断をしていきました。時間はかかりましたが、今回は何よりも片づけを優先しているので、家の中のモノは着実に減っていきます。片づけが進むと、夫から「家がきれいになってきてい

やっぱり毎日の積み重ねってすごく大事。1個ずつ判断することによって確実に目の前の景色が変わっていき、自信もついたんですね。自分の力で片づけることの醍醐味です。

るね」と声をかけてもらえました。

45日間かけて片づけを終えると、きれいになったキッチンは料理がしやすくなりました。モノに占領されていたダイニングテーブルも広く使えるようになると、家族一緒に食事をすることも増えました。

「息子の外食の回数が減りましたね。テーブルにきれいにお皿が並んでいるからか、『いただきます』を丁寧に言ってくれるようになりました。息子は無口なタイプなので言葉にはしないですが、喜んでくれているかな」

さらに、片づけの悩みが軽くなったおかげで、仕事や長年続けている趣味の声楽にも打ち込めるようになりました。

「今まで、家がぐちゃぐちゃなのに趣味を続けていることに罪悪感がありました。でも、もう堂々とできます。仕事も趣味もスキルアップをめざします」

子どもの頃から「片づけが苦手」と思い込んでいた

仕事は得意でも片づけは苦手
そんな私が行動を起こしたら
息子も一歩を踏み出した

家族構成	リーナさん(44歳・会社員)+夫+子ども2人

片づけられないと悩む人にとって、家にいる時間は常にその悩みを眼前に突き付けられているようなものです。散らかったリビング、料理をするスペースもないキッチン……。どこに行っても、片づけられない自分がそこにいます。

そのような人の多くは、**どこかで自分を変えてコンプレックスを解消したいと思っています**。リーナさんも、子どもの頃から片づけへの苦手意識がありました。

「子どもの頃、母親が私のぐちゃぐちゃな机の中身を全部出して『片づけなさい!』と怒ったことがありました。どうしていいかわからずに泣きながら元に戻していたのを覚えています」

現在、トップクラスの成績で社内表彰もされる営業としてバリバリ働くリーナさん。

「私、人からはよく『家がきれいそう』と言われる

書斎

▲書斎としての役割を果たさず、モノを押し込む部屋として使っていたスペース

▲娘の希望も聞いて勉強机を移動。家族みんなが使う書斎として生き返りました

んです。そのたびに、本当の自分を隠しているような気持ちになり、自分は不完全な人間だなぁって思っていました」

リーナさんには夫と娘、そして一人暮らしをしている息子がいます。息子は中学生のときから不登校になり始め、大学進学をきっかけに一人暮らしをしているものの、また大学に行けない日々が続いていました。一時的に息子が家に帰ってきても、大学をどうするかで話し合ってぶつかり合うことも。「みんなが集まる家を心地よい場所にしたい」と思い、リーナさんは苦手な片づけと向き合うことにしました。

片づけを始めると、「なぜ今まで気づかなかったんだろう？」ということの連続でした。娘の希望を聞いて、学習机を移動すると、今までリビングに置きっぱなしにしていたランドセルをきちんと片づけ

収納棚

Before

After

▲棚には仕事やプライベートの本・書類のほか、雑貨などが収まらずに床置きも多かった

◀目的別に分類されてモノの場所が一目瞭然。適度に余裕もできてわかりやすくなりました

るようになりました。リビングでやっていた宿題もきちんと自分の机でするなど、生活習慣が一変。

同じように、**自分たちの暮らしやすさを考えながらモノの定位置を決めていくと、あるべき場所が自然とわかってきました**。さらに、**今の生活に必要なモノかどうかの判断がすぐにできるようになり、家から出た不用品はゴミ袋にしてなんと50袋**にも。

「以前、母が片づけてくれたことがあり、しっくりこなくてすぐ散らかってしまいました。自分で考えながら片づけたら、こんなにも暮らしやすいのかとビックリ！」

きれいになった家の中は、思い描いていた〝家族の心地よい場所〟へと生まれ変わりました。モノの定位置が決まっているので戻しやすく、一日の終わりにはすぐリセットできます。〝片づけられない自分〟の影はどこにもありません。

知識はあるけれど、実行できない。リーナさんのように仕事をバリバリやっている方に多いです。実際にやらないとわからないことは多いもの。一歩を踏み出せてよかったですね！

片づけに頑張る母を見て息子も自分の人生を見直した

片づけているときに夏休みで家にいた息子も、頑張る母の姿を見て思うところがあったのか、「大学に戻る」と一人暮らしの家に帰りました。そして、しばらくすると「やりたいことがあって通信教育を申し込んだ」と連絡をくれました。

リーナさんは驚くと同時に、とても喜びました。不登校のときは「死にたい」と言って暴れることも少なくなかった息子が、これまで向き合わなかった未来のことを考えて一歩を踏み出したのです。

どんなに仕事で成功しても、家が心地よくないと人生が心地よくないと感じたリーナさん。片づけることによって、自分の人生も、家族の人生も変えることができました。

「自分は片づけ方がわからない」と思い込んでいた

「家は散らかっていてもいい」そう思っていた私が家族に片づけを教えてあげた

家族構成	千恵さん（34歳・不動産関係）＋夫＋子ども2人

片づけ上手な母親のもと、千恵さんはいつもきれいに片づいている家で育ちました。でも、本人は物心ついた頃から片づけが苦手。**片づけはいつも母親任せだったので、自分で片づける方法がわからなかった**のです。一人暮らしをしても結婚しても、ずっと家は散らかっていました。

「**自分の中で、〝苦手なことはしなくてもいい〟っていう感覚でした**。だから、家が散らかっていても私は困ることはなかったです」

そう話す通り、夫と4歳の息子、1歳の娘と暮らす家の中は、いつも床にモノが散乱していました。千恵さんは平気でも、夫は散らかった家に不満を持っています。

夫はもともと片づけができる人。時間があるときに一気に家の中を片づけてくれていました。でも、千恵さんが育休に入ると、家事をすべてまかせて片

おもちゃ部屋

▲千恵さんにとって最難関だったおもちゃ部屋。いつもモノが床に散乱していました

◀昼間はいくら散らかっても寝る前にはきれいな状態にリセットできるように

づけもしなくなってしまい、家の中は荒れる一方。

「私は、おいしいごはんが食卓にあれば家庭は円満になると思い、料理だけは手を抜かず毎日ちゃんと作っていました。でも夫婦でケンカが増えて、家族の雰囲気が悪くなってしまって。そこで『あれ？違うかな？』と」

家が散らかっているのがよくない。今まで目をつぶってきた苦手な片づけと、ちゃんと向き合うときがやってきました。

片づけの基本は、家の中の不要なモノを手放して、必要なモノの定位置を決めること。

それまでは夫が勝手に定位置を決めて、千恵さんが合わせていました。でも、そうすると千恵さんには取り出しにくいことがある。夫と、とことん話し合う必要がありました。

「片づけができる夫が言うことは、すべて高圧的に

ダイニング

▲おもちゃがダイニングスペースにまで広がることも。いつもこの状態で夫はイライラ

◀モノが少なく家族で穏やかに過ごせるように。テーブルの向きも変えてさらに暮らしやすく変身

聞こえたんです。『上から目線で言ってくる』ってストレスにもなっていました。でも『そういう意見もあるのか』と思えるようになって、自分の視野が狭まっていたことに気づきました」

夫の発言も変わってきた 部屋ごとに片づけの分担も

家が片づいてくると、夫の発言も変化。それまでは否定的な内容が多かったのが、「こうした方がいいと思う」と具体的なアドバイスが増えました。

現在は、おもちゃは息子と千恵さん、キッチンは千恵さん、リビングは夫、という風に自然と分担して片づけてから寝るように。

散らかっていても何も気にしなかった千恵さんは、今ではモノが一つ落ちているだけで気持ちがざわつくようになりました。きれいな状態でいないと

片づけにコンプレックスがあった千恵さん。小さい成功体験を積むことで、自信がつきましたね。「きれいな状態でないと落ち着かない」までなったらもう習慣になっていますよ！

落ち着きません。

夫は、千恵さんの職場復帰に合わせて1カ月の育休を取得。立場が逆転して夫が家事をしてくれるようになり、初めて気づく夫の気持ちもありました。

「仕事から帰ってきたときに家が散らかっていると、文句を言いたくなる夫の気持ちがわかりました。『家にいるのに何してたの？』って。育休が終わったら、お互いに気づかい合えそうです」

千恵さんは、今後は子どもたちも片づけを習慣化していきたいと笑顔で話してくれました。

「今までは、自分ができないから子どもたちにも言えなかった。でも、今は自信を持って『片づけよう』って言えるし、片づけ方を教えてあげられます」

以前は「パパが片づけるからやらない」と言っていた4歳の息子も、最近はおもちゃなど自分で片づけ始めているそうです。

「片づけができない」は単なる思い込みにすぎない

片づけが苦手な人の中には、
「実家も汚いので、私には片づけができないと思っていました」
「小さい頃から片づけができない子だと言われ続けていたので自信が持てません」
とおっしゃる方がいます。

確かに、親から片づけを習っていないと、自分も片づけが苦手になってしまうことはあります。また、脳の特性的に片づけが苦手な方は確かにいます。

しかし、**片づけられないことをいつまでも何かのせいにしていては前に進めません**。むしろ、あなたの子どもにも同じように連鎖しないよう、少しずつでもいいので、あなたが変わりましょう！

「○○のせいで片づけられない」と言っているのは、紛れもなく、片づけられないことを他人のせいにしている証拠。言い訳をしている自分に気づき、できるところから始めましょう。

「私には片づけられない」と思っている人が変わることができる三つのステップをご紹介します。

ステップ1　BUT思考からHOW思考になる

まずは思考のチェンジです。「BUT思考」は、「だって」「でも」など否定的な言葉がすぐ出てきてしまう人の思考のこと。

「私は片づけられない、だって実家も汚かったから」

「片づけたい、でもこんな私にはできない」

といったようにです。そんな過去の自分にとらわれ、他責思考の「BUT思考」は「HOW思考」に変えてみましょう。「どうすればいいかな」「何かいい方法はないかな？」と常に未来に思考を向けるのです。

ステップ2　他人と比べるのをやめる

片づけが苦手な人ほど他人と比べてしまう傾向にあります。例えば、インスタに流れてくるきれいな部屋を見て「私はこんなふうになれない」「うちにはあんなに収納がない」と思ったり。まずは他人と比べることはきっぱりやめましょう。他人と比べたところであなたの部屋は片づきません。比べるべきは、過去の自分です。

ステップ3　小さいところから始める

私が家事が好きなのは、やれば必ず成果が目に見えるからです。ですから片づけも小さなことから始めて、小さい達成感を得ていきましょう。引き出し一つでもいいし、バッグや財布の中をきれいにするところから始めてもいいでしょう。それだけでもスッキリしますし、十分達成感は得られます。**小さい達成感を積み重ねていくと片づけに自信が出てきます**。

ある心理学者の方が、自己肯定感が低い子には掃除をさせるといいと言っていた記事を読んだことがありますが、全く同感です。掃除も片づけ同様、自分がやった成果を目で確認することができますし、どんなに短い時間でもやれば必ず結果にあらわれます。

片づけと自己肯定感は関連があります。

私自身、片づけができていないときは自己肯定感が下がっていました。仕事から帰ってきたときに散らかった部屋を見ることは自分のダメな部分を突きつけられるのと同じですから、自己肯定感が上がるはずがありません。

5分でも10分でもやれば、「あ、今日これ私が片づけたんだ」と「自分でできたんだ」という成果を確認することができ、これが自己肯定感を上げることにつながります。

「自分はできる」という意識に変わると、だんだん当たり前のように片づけができるようになります。これが習慣化につながります。

自信はなくすもつけるも自分次第。何らかのアクションを待っているだけの受け身態勢では何も変わりません。**不安は行動で打ち消すもの**です。

彩智 POINT

小さい達成感を得れば自己肯定感も上がる!

「完璧主義」でいくより少しずつ進むことが大事

中途半端で終わりたくない
完璧主義だった私が
片づけで一歩を踏み出せた

家族構成　ともかさん（40歳・事務職）+夫+子ども3人

「私はずっと片づけられない原因を、『時間がないから』『収納がないから』と思っていました。夫にも『私のせいじゃないよ。この家に収納がないからだよ』と言っていたんです」

こう話してくれたのは、3人の子どものママ・ともかさん。

片づけは子どもの頃から苦手でした。大人になって一人暮らしを始めても、「ワンルームで収納がないから」と、自分に言い訳をしていました。

結婚して家族が増えると、それだけモノも増えてますます片づけられません。4年ほど前に引っ越してきた今の家では、来客があるごとにモノを紙袋に詰めて見えない場所に押し込んでいました。

でも、本当に片づけられない原因は、深いところにありました。

「小さな頃からずっとスポーツをやっていて、勝ち

キッチン

▲調理道具や洗い物でいっぱいのキッチン。子どもがお手伝いするスペースもありません

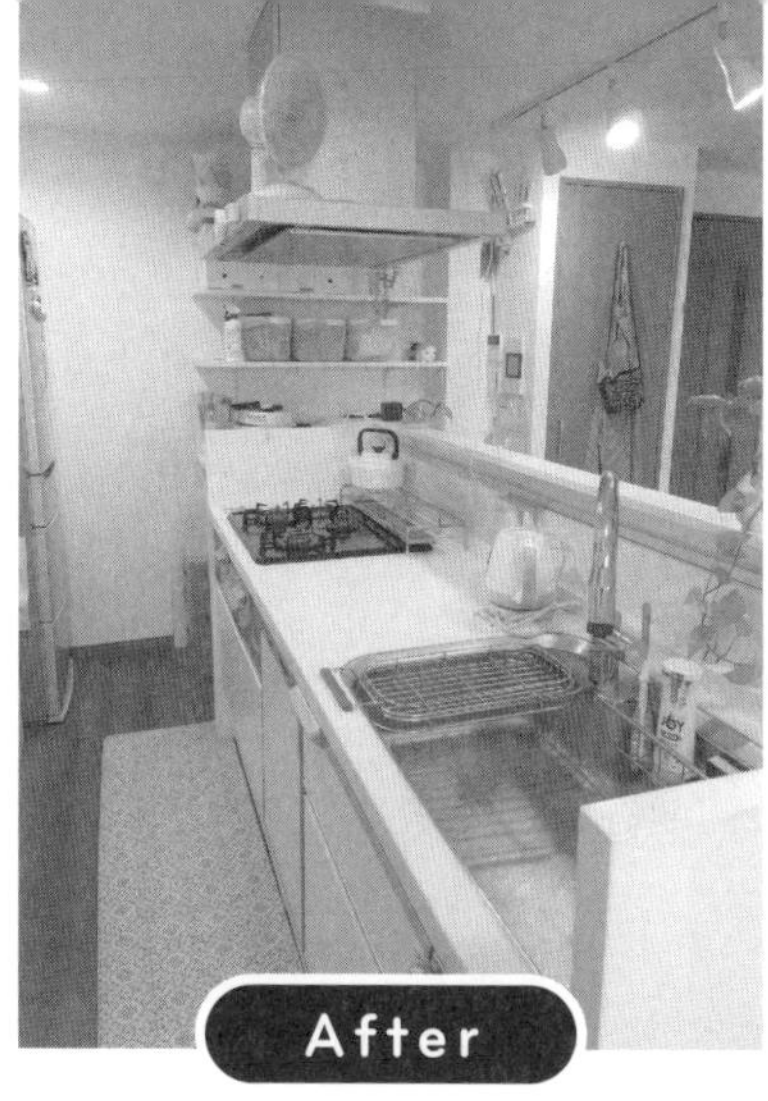

▲ムダなモノがなくてスッキリ。使いやすくて落ち着ける「私の城」になりました

負けの世界で戦ってきたんです。そこでは、どれだけ頑張っても結果が出ないとダメなんです。いつの間にか、私生活でもずっと〝０〟か〝１００〟の判断をしていました」

中途半端な結果に終わるなら、最初からやらない。家が全部きれいにならないんだったら、やってもムダ。そういう〝完璧主義〟でした。

　だからといって、片づけないままでは家の中は変わりません。危機感を覚えたともかさんは、重い腰を上げて片づけ始めます。

　使わないモノを手放すことも苦手で、なんでも「いつか使う」「誰かにあげよう」とずっと保管していました。それは食品に関しても同じ。

「賞味期限が切れた食べ物でも、多少なら大丈夫って思っていました。だから、パントリーも賞味期限切れのモノでいっぱいでした」

リビング・ダイニング

▲テーブルもカウンターもモノだらけのリビング・ダイニング。ほぼ片づけを諦めていました

▲少しずつ成果を積み重ねてきれいに。入り込む日差しが以前よりも明るく感じられます

あるとき、ともかさんは〝なりたい自分のイメージ〟を話す機会があり、〝子どものためにお菓子を手作りするママ〟と書きました。でも、ふと「お菓子を手作りするようなママは、きっと賞味期限切れの食べ物を出さないよな……」と気づきます。

そこから**どんな自分になりたいのか、どんな家に住みたいのか、どんな生活を送りたいのかを考えて、片づけの具体的なゴールが見えました。**

まずは自分から行動を開始
少しの変化に家族も気づく

そこから毎日少しでも片づけると、きれいになっていく場所が増えて確実にゴールに近づいている実感が湧いてきました。

子どもたちが「ここ、きれいになったね！」と気づいてくれたり、「おうちがきれいになったら、お

完璧主義の人が目指す家ってどんな感じなんでしょう？ SNSの中に出てくるような家？ それで満足できますか？ ともかさんは自分がなりたい姿を見直したのがよかったです！

友だちを呼びたいね」という言葉も、ともかさんを後押しします。

「ちょっとでも家の中が変わると、使いやすくなって、子どもたちも喜んでくれる。それに気づけたのが大きかったですね」

100までできなくても、30でも40でも、なんなら1でもいい。そう思えるようになると、片づけの手も進みます。

「私だけが頑張って片づけなくても大丈夫。今は夫も子どもたちも自分で片づけられます。この間は、きれいになったキッチンで、子どもと一緒に蒸しパンを作ったんですよ」

ともかさんを片づけから遠ざけていた〝完璧主義〟のこだわりは、もうありません。一気にゴールを目指すのではなく、毎日少しずつでも前に進むことが大切だと気づいたのです。

「理想の自分、理想の生活」から「家族みんなで頑張る」へ

理想と現実のギャップに苦しんでいたが、片づけを通して身も心も軽くなった

家族構成 | まさこさん(36歳・事務職)+子ども3人

「片づける前は、毎日イライラして子どもたちに対してきつい口調でキレていました。よくないと頭ではわかっていたんですが……」

こう話すまさこさん。第3子を妊娠中に夫が他界。それ以来、一人で仕事と育児に奮闘してきましたが、子どもたちとの関わり方に悩みを抱え、心理学の講座を受けてみたこともありました。しかし、あまり効果が実感できず、自己肯定感はさらに下がってしまいました。

周囲からは「頑張っているね」と声をかけてもらうこともありましたが、言われるほどのことができていないと自分を責める日々。

「目指していたのは〝みんな笑顔で幸せな家族〟なのに、現実ではまったく違う。理想の自分、理想の生活とはかけ離れていました」

ゴチャゴチャしている家の中がきれいになれば、

キッチン・ダイニング

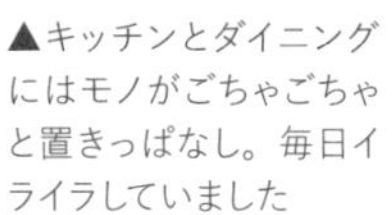

Before

▲キッチンとダイニングにはモノがごちゃごちゃと置きっぱなし。毎日イライラしていました

After

◀モノの定位置が決まってスッキリ。まさこさんと子どもたちの笑い声が響く憩いの場に

何か糸口が見つかるかもしれない。そう思って、まさこさんは片づけを決意します。

講座では、片づけるときに家族とのコミュニケーションを大切にすることを伝えています。彼女も3人の子どもたちと話し合い、一緒に悩みながら、たくさんのモノを手放しました。

「もう使わないおもちゃは、親戚にあげました。捨てるよりもあげる方が、『会ったときにまた遊べるね』と、子どもたちも手放しやすかったみたいです」

部屋の中には、定位置が決まっていないモノがあちこちに散在している状態。収納する場所を決めて子どもたちにも共有すると、みんな使ったモノを元に戻すようになっていきました。

今では小学校の準備を自分でできるようになったり、遊びたいおもちゃを探すことなくすぐに取り出せたりと、子どもたちの生活が変わりました。

和室

▲どこに何があるかわからず、子どもたちが遊びたいおもちゃを探すことが多かった和室

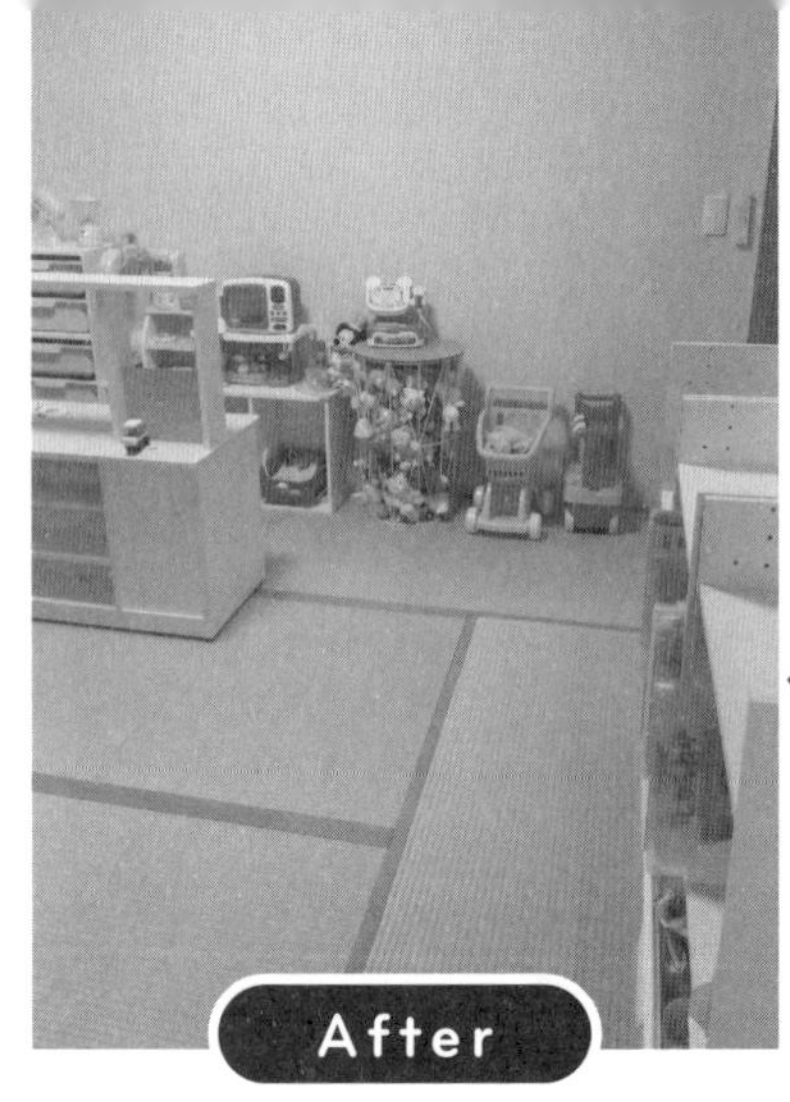

▲子どもたちだけでおもちゃを出したら片づけられるようになり、いつもきれいに片づくように

でも一番変化を感じているのは、まさこさん自身。「**ビックリするくらい、子どもに対するイライラがなくなりました**。今までは何かあったとき、感情のままに怒ることが多かったのですが、客観的に状況を見られるようになったと思います」

ネガティブになりがちだった思考も変化し、自信がついた

家族間のコミュニケーションが増えたことで、きょうだいだけで遊ぶ時間も増えました。今までは3人それぞれの意識がママに向かっていましたが、それがなくなることでママの時間に余裕ができました。

「家がすっきりしてくると、心も体も軽くなったような気分になりました。何かやろうと思ったこともすぐに行動に移せるんです。今まで『こうなったら

まさこさん、きっと責任感が強いがゆえに、イライラすることも多かったと思います。そんな中、片づけを敢行して拍手！　これからも子どもを巻き込んだ片づけをしていきましょう！

どうしよう』と、ネガティブになってやりたいこともできなかった自分が信じられないくらい！」

義母や両親が家に遊びに来てくれて、きれいになった家や頑張った自分をほめてくれる言葉も、素直に受け入れられるようになったと言います。

もちろん、片づけても散らかることはありますが、「それでも大丈夫」と思えるようになったそう。

まさこさんはさらに仕事面でも大きな決断をしました。時短勤務をフルタイム勤務に戻すことにしたのです。

「片づける前は生活がうまく回らないので、フルタイムで働くことは自信がなかったんです。でも、今は『できる』という自信があります」

最近は子どもたちと旅行に行く話で盛り上がっているそう。当初の目標だった〝みんな笑顔で幸せな家族〟は実現できているようです。

まさこさんの片づけ習慣　散らかりだしたら早めに仕組みを見直す

「ルールを完璧に守りたい」という思考のクセをやめた

「こうあるべき」という収納にとらわれていた視点を変えたら自由になった

家族構成	ちほさん（45歳・保育士）+夫+子ども3人

「今住んでいる家は、間取りもインテリアも家族で一から考えて建てました。まさに理想の家！と思っていたんですけど……」

夫と子ども3人の5人で暮らすちほさんの家は、収納スペースもたっぷり。でも、家族の数と比例してモノの量も増え、どんどん散らかっていきました。現実は理想とかけ離れています。

ちほさんのモノを手放せない性格は、母親譲り。モノだらけの実家は圧迫感があって居心地が悪く、今でもあまり足が向きません。

ある日、ちほさんはふと自分の家の中を見回しました。床置きされた書類、積み重なった洋服、棚や引き出しからあふれているモノたち。「このままでは子どもたちが自分と同じ気持ちを味わうのでは？巣立った後に帰ってきたいと思える家なのか？」と不安に駆られました。

シューズクローク

▲「ホコリがかぶるから」とずっと靴を箱に入れて収納していたシューズクローク

▲箱をなくしてみたらスペースに余裕が生まれて全体的に見やすくなりました

ちゃんと片づけたいと思い、家の中にあるすべてのモノの〝いる・いらない〟を決めることに。ちほさんにとって、ものすごく労力のいる作業でした。

子どもたちが小さなころに使っていた食器、赤ちゃん用のふとん、サイズアウトした洋服など、一つ一つのモノと向き合いました。判断基準はシンプルに、「自分の未来に必要か」ということのみ。そうすると、ほとんどのモノが〝いらない〟に分類されました。

「視点が変わると、潔く手放せるようになりました」

さらに、ちほさんの視点を変えたのは玄関の片づけ。片づけのプロに靴を箱に入れて置いている写真を見せると、「箱、いらないんじゃない？」と言われました。

「実家でも靴を箱に入れてしまっていたので、『箱がいらないって、どういうこと？』と思いました。

クローゼット

▲奥のモノを取り出すのも一苦労だった収納スペースも〝いる・いらない〟を決断

▲リサイクルも活用して不用品を手放したら床が見えるほどきれいに片づきました

でも、たしかに場所を取るし、中身が見えないので靴を探すのも大変。箱から出したら、スペースが広く使えて、小窓から明るい光が差し込みました！」

ルールに縛られるのをやめたら住みたい家の可能性が広がった

ほかにも、あまり使わない家電をキッチンにずっと置いていたり、大きくて重たいお皿を取り出しにくい場所にしまっていたり、なぜか〝ここに置かないといけない〟と思っていたたちほさん。

自分が無意識のうちに作った〝思い込み〟というルールを完璧にこなさなくてはいけないと縛られるあまり、暮らしにくい家になっていました。今回の片づけで視点が変わると、家の中はきれいになって理想の家に近づいていきます。

今では、モノが出しっぱなしになっていると気に

「子どもには自分のような思いをさせたくない」と思って片づけを決意したちほさん。今までの片づけや収納の思い込みを手放せたことで住みやすさがアップしました。

なり、すぐに片づけるようになりました。

「これが〝習慣化〟ということなんだなって感激しました！　家族にも『リバウンドしてないでしょ』って自慢しています。今まで片づけで悩んでいたのが、嘘みたい！」

　でも、まだ終わりではありません。

「次は、自分が読書をしたり勉強したりするためのスペースを作りたいんです。2階にあるキャンプ用品を庭の倉庫に移すと、これだけのスペースが空くから……」

　今までのちほさんだったら、「キャンプ用品は2階に置く」という考えから離れられなかったのではないでしょうか。

　自由な発想ができるようになり、家の可能性も広がりました。ちほさんと家族の理想の家に向かうブラッシュアップは、これからも続きそうです。

なぜ「完璧主義」な人が片づけが苦手なのか？

掃除が嫌い・苦手だと感じるタイプに多いのは、意外にも完璧主義な人です。**完璧主義な人は物事を0か100かで捉える傾向があります**。自分自身に対する評価も厳しく、100％きれいな状態以外はダメだと思ってしまっているため、自分は掃除が「できない」「苦手」と思い込んでしまっているのです。そのほかにも、こんな「完璧主義」の方たちがいます。

・自分以外のことに一生懸命

真面目で完璧主義な人は、自分よりも他人を優先し、何事も一生懸命な人が多いようです。子育てや仕事、人付き合いに頑張って、自分のことは後回し。毎日目の前のことをこなすだけで精一杯で、自分が心地いい空間づくりまで頭が回らない。

・ずっと正解探しをしている

完璧を求めるあまりいつも「これでいいのかな」と考えてしまう。失敗することは許せない、と思っている人も多いようです。片づけも、「この方法でいいのかな」「もっと効率のいい片づけがあるのではないか」と考えることに時間を費やしてしまい、一歩が踏み出せない。

・ダメな自分をさらけ出せない

片づけられないキャリア女性に多いのがこのタイプ。外ではバリバリ働いているけれど、家の中は散らかっている。どうにかしたいと思っているけれど、ダメな自分は見せられない。他人からの評価が気になり、鎧を着ているように生きている。

こんな「完璧主義」の方たちにお伝えしているのは、**「完璧主義ではなく、完了主義になりましょう」ということ**です。完璧な状態を求めるのではなく、「今はとりあえずこれがベスト」と思ってやり始め、小さくてもいいので、一つひとつしっかり「完了」させていくのです。110ページで紹介した、10分間の朝活も小さく完了させていくための方法です。

講座では部屋の現状を写真に撮ります。部屋だけでなく、書類入れ、食器棚、クローゼットの中などもです。最初は「恥ずかしい」と抵抗する人もいますが、みんなで共有し合うと「みんなもそうなんだ」とだんだん**今まで着ていた鎧が外れて、完璧**

ではない「本当の自分」が出せるようになるんですね。

このように、**自分のダメな部分をさらけ出して「痛み」を感じることは自分が変わるモチベーションとしては強い**です。意図的ではなくても、こんな「痛み」が片づけのきっかけになったとおっしゃる方がいます。

・子どもが急に友だちを連れてきたとき、「汚い家だな」と言われてしまった
・家族が事故にあって急にお姑さんがきて、汚部屋がバレてしまった
・息子が結婚することになったが「こんな汚い家じゃ彼女を呼べない」と言われてしまった

そもそも完璧主義の人は、自分に期待しすぎている傾向があります。

自分では気づいていないかもしれませんが、「私は失敗できない」「みんなから認められたい」とどこかで思っているんです。

でも実際は、理想の自分と現実の自分に乖離があって、モヤモヤしてしまう。だったら最初から自分に期待しないほうがいい。自分から積極的に「痛み」をさらけ出してしまったほうがいい。

私は、もしかしたら周りから完璧主義と思われているかもしれませんが、そもそも

自分には期待していません。小さい頃から何事も遅くて怒られることが多かったし、夏休みの宿題は終わったことがなかったし、中学3年生は3分の1ぐらい学校に行っていないんです。

転機となったのは高校です。最初はあまり行きたくない高校でしたが、そこですごく自分を認めて、ほめてくれる先生に出会い、自信がつき、行動できるようになりました。

人間、ある程度の痛みは大事ですが、痛みが大きすぎると行動できなくなります。自分に期待しない。あまり痛みが大きくならないうちに行動し、応援してくれる人を周りに置く。それが完璧主義さんが変わる秘訣かと思います。

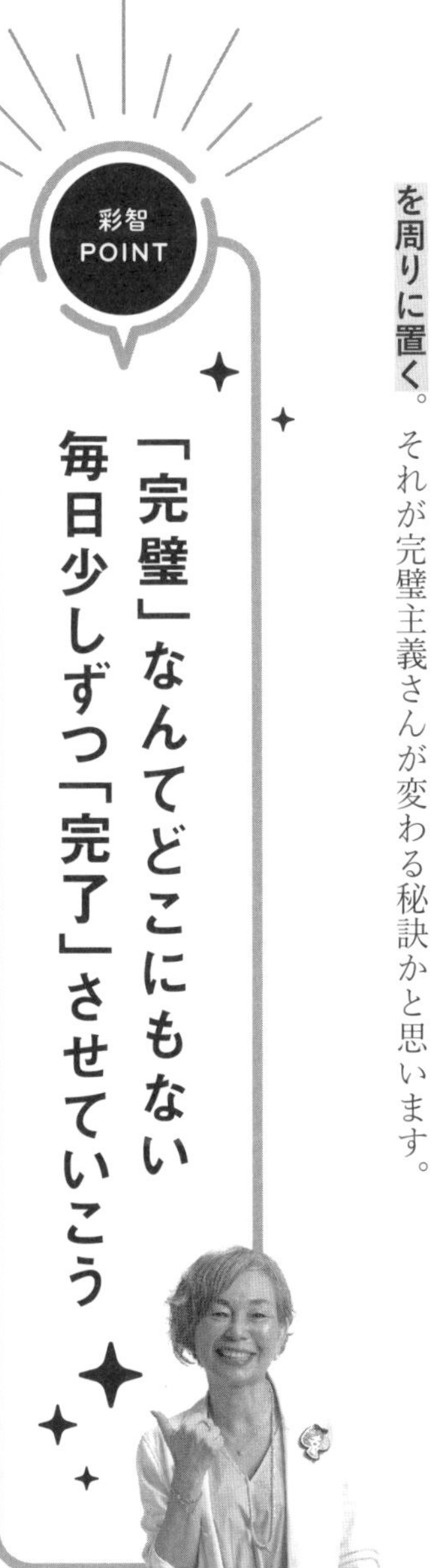

彩智
POINT
「完璧」なんてどこにもない
毎日少しずつ「完了」させていこう

「忙しいから片づけはできない」という思考のクセをやめた

忙しくてずっと逃げていた片づけをしたら、自己肯定感が上がった

家族構成 | リサさん（37歳・税理士）+夫

税理士として働くリサさんは夫と2人暮らし。ふだんの生活についてこう話します。

「仕事が忙しくて、『家事って何？』というくらいできていなかったです。平日は仕事に行って、帰って寝るだけ。片づけが一番できていなかったですね。人が来るときは散らかっているモノを隠すように押し込むので、すぐ元通りになっていました」

書類やモノが散乱している家の中を見ては落ち込み、いつも忙しくて片づけられない自分を責めていました。

一方、職場のデスク周りはきれいに整理整頓できていました。書類をきちんと管理しておかないといけない仕事柄、やらざるを得ないことでしたが、帰ってきてから「なぜ自分は家ではできないんだろう」というギャップにも苦しんでいました。

料理が得意な夫がごはんを作ってくれても、リサ

リビング

▲玄関を入ってすぐのリビングにはふとんが敷きっぱなし。帰って寝るだけのときも

▲外から帰るとスッキリした空間がお出迎え。ゆっくりとくつろげる空間になりました

さんは「作ってもらっちゃって申し訳ない。なんで自分は料理が苦手なんだろう」と、自己嫌悪に。

　片づけたいけれど片づけが苦手な人は、自己肯定感が低くなりがちです。目を覚ました瞬間から寝る直前まで、家にいる間はずっと散らかった状態が視界に入るので、〝片づけなきゃという気持ち〟と〝できていない現状〟がずっとついて回るからです。

「今までずっと仕事の忙しさを言い訳にして逃げてきましたが、もうなんとかしないといけない」と、リサさんは本気で家の片づけを始めます。

　とはいえ、やはり忙しくて片づけの時間が取れないこともありました。自分の思ったとおりに進められずに、またできない自分を責めてしまうことも。でも、今回は諦めませんでした。

「夜に疲れて帰ってきても、小さな引き出し一つだけでも片づけようと頑張りました」

キッチン

▲置き場所がなくて困ったモノをとりあえず床に置いていたキッチンラック周辺

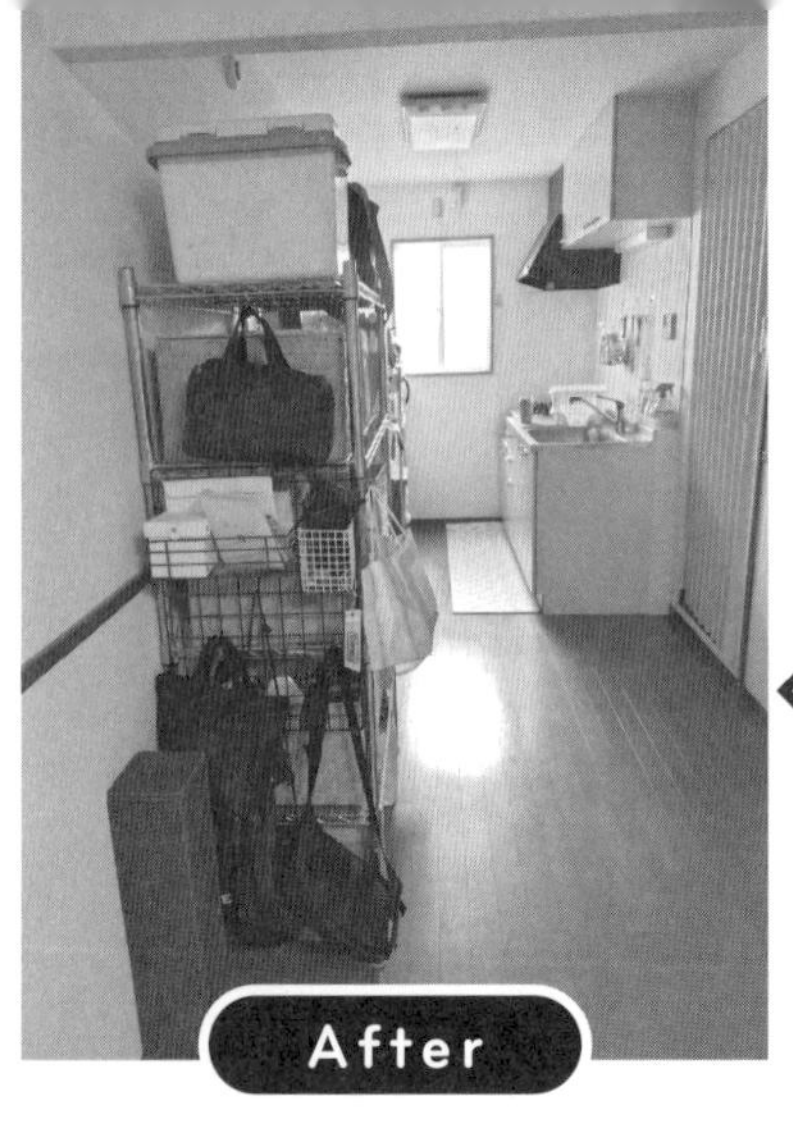

▲ラックや収納にすべて収まる量まで減らし、床が広くなって移動もスムーズに

〝できないこと〟ばかり見てきたリサさんが〝できたこと〟に目を向けて自分を認め始めました。**小さな範囲でもコツコツと片づけを進めると、少しずつ家の中はきれいになっていきます**。夫もリサさんが変わろうとしていることを知り、片づけを手伝ってくれるようになりました。

「今までも仲良く暮らしていましたが、家のことを話し合ってさらにコミュニケーションが増えました」

自分が一歩を踏み出したら夫にも感謝が言えるように

片づけの途中、リサさんは他の人がフリマアプリを使っているのを見て、自分もやってみようと不用品をまとめておいたことがあります。でも、出品や発送のやり方を調べて、作業の手間も考えると面倒で後回しになり、結局ずっと置きっぱなしになって

リサさんが今までなぜか自信がなかったのは自分の足りないところにフォーカスしていたからです。小さくてもいいからできたことに目を向ける。それができるのが片づけです。

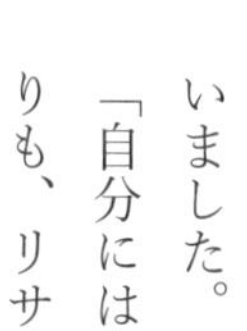

いました。

「自分には向いていませんでした。フリマアプリよりも、リサイクルショップとか、すぐに手放せる方が合っていました」

家の中がきれいになる頃には、リサさんは自分の変化も感じていました。

「今までは何か理由をつけて諦めることが多かったんですが、それは本当にもったいなかった。私の場合、**一歩踏み出してみたら、家がきれいになったし、夫が料理をしてくれたら素直に『ありがとう』と言えるようになりました**」

どんなに忙しくても、時間の作り方や片づけ方を工夫すれば、家の中はきれいにすることはできます。リサさんは今回の片づけを通して、誰かのマネではない、自分の生き方や夫婦の在り方を見つけたようでした。

「今は家のことに向かう時間も気力もない」と思うことをやめた

仕事・育児・介護
忙しくて毎日イライラ
片づけで気持ちにゆとりが

家族構成	晶子さん(49歳・演奏家)+夫+子ども2人+父+母

40歳は「不惑」ともいい、これまでの経験をもとに迷うことがなくなる年齢という考えもありますが、実際はどうでしょうか?

現代に生きる40〜50代の人たちは、何かと忙しい。自分や家族、周囲のことについて、あれこれと悩んでいるケースが多いようです。その一人、晶子さんは同居家族が多く、特に忙しい毎日を送っていました。

「2人目の子どもが生まれる前に実家に戻ることになり、出産後は私の両親も含めて6人暮らしの生活がスタート。戻ったときの実家はモノであふれていて、とても居心地がよいとは言えない状態でした」

しばらく生活は成り立っていましたが、単身赴任で週末婚状態の夫の家事力には不満が募ります。さらに子ども2人の育児に加え、仕事では業務が増えてしまいました。家では年齢を重ねた両親の世話が

リビング横

▲引っ越しの段ボール箱もそのまま。行き場所の定まっていないモノが山積みのリビング横

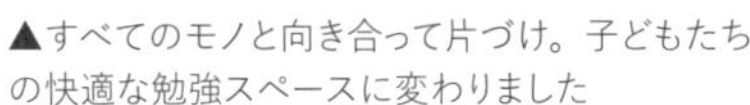

▲すべてのモノと向き合って片づけ。子どもたちの快適な勉強スペースに変わりました

大変になってきたこともあり、晶子さんは毎日イライラしていました。

家の中のモノを整理してみても暮らしにくく、モノだらけで息苦しい感じを払拭できません。このままではよくないと、家族とも相談した結果、思い切って家を建て替えることを決めます。

そして新しい家が完成。暮らしやすくなると思いきや、基本的には前の家にあったモノをそのまま残してしまったので、家の中はモノであふれています。

そこで、新しい家で快適に過ごすために、本格的に片づけをすることを決意します。忙しい日々の中、片づけの時間を捻出することも大変でしたが、朝の10分間だけは片づけに集中しました。すると、小さな積み重ねで少しずつ家の中がきれいになっていくのを実感した晶子さん。

「今までは一度に大きな成果を求めてしまって、片

キッチン収納

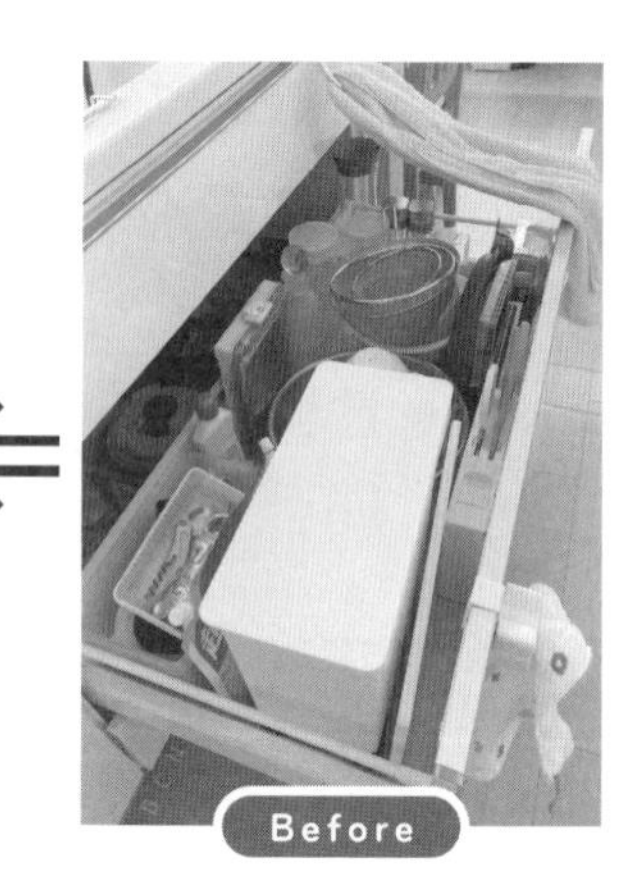

▲キッチンのシンク下はザルやボウルが重なって見づらく取りにくいのですぐぐちゃぐちゃに

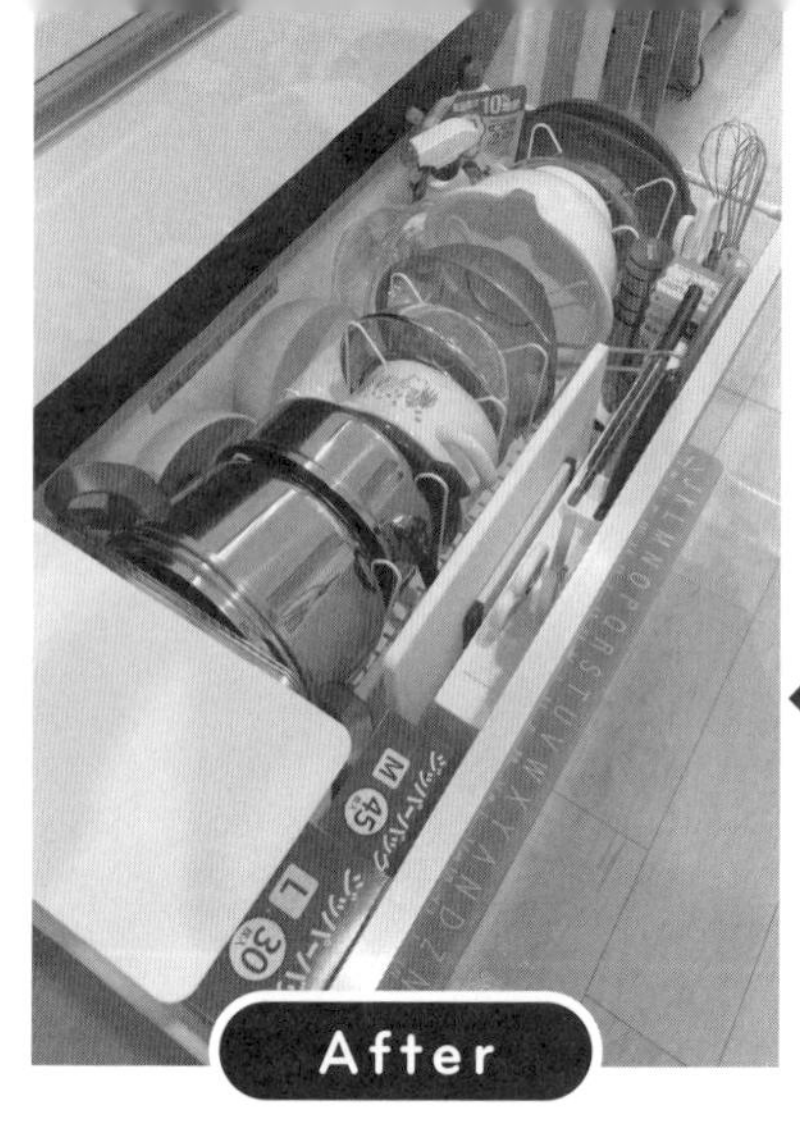

▲ワンアクションでサッと取れるように鍋や調理道具は立てて収納するととても快適

づけもまとめてやろうとしていました。今回は、変化は少しずつでも未来が見える。あと、『自分でできた』という達成感が毎日得られるので、心が健康的になったような感覚なんです」

家族が喜ぶ片づけをやったら自分自身の気持ちにも向き合えた

特に頑張ったキッチンは、使いやすさにこだわり、モノの置き場所は試行錯誤を繰り返しました。

「高齢の母が動きやすいようにと考えたので、母も喜んでくれていました」


家族の意見も採り入れながら片づけを進めると、関係性がよくなっていくのを実感しました。

「これまで家族全員に対して攻撃的だった自分が、和らいでいくのを感じました。結局、**今までは他人に怒っているようで、できていない自分に対して**

仕事や子育て、介護などが重なってしまうことってありますよね。イライラして家族に当たってしまうことが増えたらキャパオーバーのサイン。環境や仕組みを見直していきましょう。

怒っていたような気がします」

家の中がきれいになると、イライラも減りました。晶子さんの変化は、これだけではありません。片づけが終わると、今まで忙しくてなかなかできなかったコンサートを開くことを決めました。

「朝の10分間の片づけのようにスキマ時間をうまく使えるようになったので、練習やストレッチなど準備を始めています。不安な気持ちもありますが、今できることをやってみようと思います」

抱えていた悩みが改善に向かい、自分の道をもう一度進み始めた晶子さん。

「今までできなかった片づけをやると決めたものの、『自分を変えたい』という気持ちと『やっぱり無理かも』という気持ちが両方ありました。でも、素直に行動すれば先が開けるということがわかりました！」

時間がないから片づけできないという人の残念な心理

ぐちゃぐちゃになるまで乱れた部屋を片づけ始めるには勇気と時間が要ります。つい、やらない理由として「今は片づけの時間がない」「今は片づける心の余裕がない」と時間がないせいにして何もしない日が積み重なり、そのうち片づけ自体にも興味がなくなって、汚部屋へ一直線……。

ドキッとするような話ですが、実際はよくある話です。

私たちが本当に暇になるときって、一体いつになったら来るのでしょうか？

私もこの年齢になるとよくわかりますが、**人生ってずっと忙しい**んです。

若い頃は仕事に忙しくて、子どもが小さい頃は本当に毎日戦争みたいに忙しくて、子どもがある程度大きくなったな、と思ったら親の介護で忙しくなったりします。

それが終わったら今度は自分の体にガタが来てしまったりして（もちろん、そうならないことを願いますが！）、いったい私たちはいつ忙しくないときが来るんだ、と思って

しまいます。そもそも**片づけって基本的にはめんどくさいこと、目をそらせたいこと**
ですから、そのための時間ってわざわざ作ろうと思わないものなのです。

保育園の先生をしているMさんは、子どもたちに人気のベテラン先生。周りの先生や保護者からの信頼も厚く、尊敬されていましたが、実は片づけが苦手で家の中はぐちゃぐちゃ。

そんなMさんは年末も迫ってきた時期に一念発起で片づけを決意します。実はMさんの保育園はクリスマス前のこの時期がいちばん忙しい。しかし、仕事が終わってからの夜と朝に少しずつ時間を作り、年内中に家中の片づけをやりきりました。

「自分の人生で暇になるときなんてないな、と思ったら、思いついた今、片づけをしたいと思ったんです。もし、**暇な時間ができたら、そのときは片づけではなく、もっと楽しいことをしたい**と思いました」と言っていたのが印象的でした。

実際、Mさんはその後、時間を見つけては旅行に行ったり、新しい習い事を始めたり、仕事以外にも精力的に動き始め、楽しそうです。

片づけを完了した人は時間の使い方も変わってくるのが面白いですね。

そもそも**「時間がないから片づけられない」と言っている人は片づけを一気にやろ**

うとしているのが間違いの元。それをやろうとすると引っ越し並みに時間がかかります。

何度も言いますが、たとえ10分でもいいので、集中してやることが大事です。短時間でも毎日やり続けることで部屋は必ず片づいていきます。そして習慣化することがリバウンドしない秘訣です。

どうしても時間がない、という人は一度、**自分の24時間の行動を書き出してみましょう**。ダラダラとスマホを見ていたり、目的もなくテレビを見ていたりする時間はありませんか？　1時間は無理でも10分ぐらいなら時間はどうにか作れませんか？

こうやって**行動を「可視化」してみることは時間管理力をつける上でも大事**です。いつもルーティンでやっている家事をタイマーで計ってみるのもいいですね。たとえば私は、自分が住んでいるマンションの掃除機をかけるのに12〜13分で終わるとわかっています。

なので、出かける前に15分あれば、パッと掃除機をかけられるんです。**自分がやる行動にどれぐらいの時間があれば完了できるか、「見立て」をつけられると、グンと時間の使い方が上手になりますし、片づけも素早くできるようになります**。

お子さんがおもちゃを片づけるとき、「今日は何分でできるかな？」とよーいドン

でタイマーで計ってあげると片づけが楽しくできたりします。タイマーはかなり万能に使えるので、ぜひ日常に有効に取り入れてみてください。

文具メーカーのコクヨが２０２２年に行ったアンケートによると、１日のうちに「探し物」にあてている時間は平均で13・５分であったそうです。これは年間に換算すると約54時間。２日以上も「探し物」に時間をかけていることになります。片づいていない家の中で暮らしている人はその何倍も時間をかけているかもしれません。**探し物をしている時間というのは、いちばん生産性のない時間**です。片づけていれば、この不毛な時間をグンと短縮することができるでしょう。**片づけをすれば時間が戻ってきます**。

彩智
POINT

人生はずっと忙しい それでも時間は生み出せる

Column 2

モノが散らかる原因を見つけよう

片づけてもいつの間にかモノが散らかってしまう。定位置を決めても家族が戻してくれない。そんな時はどこかに原因があります。以下で思い当たることはありませんか?

モノの定位置はある?

ある

定位置に戻らない原因を考える

ポイント 生活や行動の動線上に定位置があるかチェックする

定位置があるのに、そこに戻せなかった理由は、生活動線の流れに沿った場所に定位置がなかった場合があります。そもそもその場所が定位置として相応しいのか、固定観念を取り払って考え直してみましょう。

ポイント 取り出しやすく、戻しやすくなっているかチェックする

取り出すときにすぐに見つかるか、ワンアクションですぐに取り出せるか、戻す時もストレスなく戻せるか、家族皆で使うモノは家族全員が戻しやすいかなどを検証してみましょう。一度にうまくいかなくても大丈夫。試行錯誤は必要です。

ない

定位置を決める

ポイント 使う人の意見や希望を反映して定位置を決める

モノをしまう定位置は、基本的にはそれを使う人自身の意見や希望を反映して決めるのが大原則。所有者にどこが戻しやすいか聞いて、一緒に話し合いながら定位置を決めていくといいでしょう。

ポイント 小さなモノも定位置を決める

定期入れ、腕時計、ハンカチやポケットティッシュなど出かける直前になってバタバタと探すことはありませんか？　小さなモノでも定位置を決め、家族で情報共有をしましょう。

私たちもやってみました！

ダイニング

Before

ダイニングの食器棚の上はゴチャゴチャだったので、整理することに。

After

だいぶスッキリしたので、息子と相談して、リビングに置いていた息子の教材を置くことに。ダイニングテーブルで勉強するときの動線が良くなりました。

収納棚

Before

ダイニングテーブル脇の収納棚は主に夫婦のモノや子どものモノでゴチャゴチャ。

After

カラーボックスを横に置き、上に子どもが引っ張ってもケガをしないよう、ソフトボックスを置きました。上はマザーズバッグなど自分のモノ、下段に絵本を置いたら一人で絵本を読めるように。

シンク下

Before

調理道具、洗剤、ラップ類などが乱雑に入れられていて使いにくかったシンク下。

After

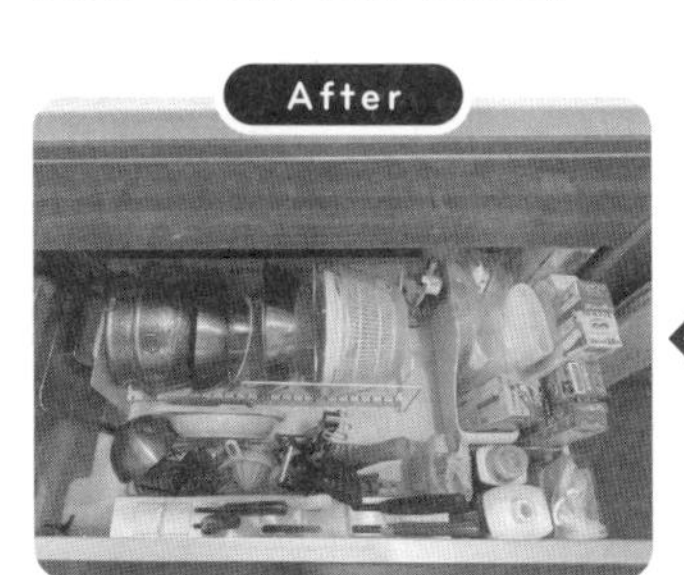

一つひとつ置き場所をきちんと決め、縦の収納にしたところ、取り出しやすく、戻しやすい収納が完成。

3章

コミュニケーションを変える

夫婦のコミュニケーションを片づけで改善する

夫は嫌なヤツだと思っていた 片づけたら夫のいいところに気づけた

家族構成	ななさん（42歳・専業主婦）＋夫＋子ども2人

「夫は仕事、私は家事・育児、それぞれが淡々と役割をこなしていて。会話が少なくても生活が回っていました。夫は口数が少なく自室にこもりがちでした」

そう語るななさんは夫婦関係も家の片づけも突破口を見つけたいと思っていました。

夫は自分からは家庭に関わらないタイプ。

「私が大きなモノを移動したり、あちこち片づけていても、スーッと無言で横を通りすぎていくんです。家事は私の担当だけど……。嫌なヤツ、と思っていました。頼みごとをすると、興味のあることはやるけど、ないことは数年後。期待したら腹が立つから諦めていました」

夫婦の役割意識は、日々をスムーズに回す一方で、心の距離を生む原因に。

家の片づけはトライ&エラーの連続で、モノを減らそうと頑張るけれど、リバウンドのくり返し。夫

衣類収納

▲愛着の持てなかった2階。手を加える気力もなく、昭和時代のタンスがそのまま

▲タンスを一つ処分して新しい収納を設置。今の自分たちの暮らしに合った部屋に

も片づけが苦手で、モノをため込む癖がありました。

「たとえば衣類なら、向こうが見えるくらい透けた肌着でも、穴の開いた靴下でも捨てようとすると怒るんです。夫のモノは触れませんでした」

片づけ問題で、2人の間にはますます溝ができていました。ななさんは家の中の不満をそのままにしている自分にも潜在的な罪悪感がありました。

およそ築40年の家の2階はリフォームせず昔のまま、愛着がなく活用の仕方もわからない。キッチンはL字形なのに、なぜ食材を切るスペースがこんなに狭いのか。さらに夫のモノはいろんな部屋にある。片づけられない理由を環境や家族のせいにしている自分はもっと嫌になり、思い切って家をまるごと片づけることにしました。

部屋がスッキリしない理由は、とにかく不要なモノが多いこと。収納はギチギチでストック品も多

キッチン

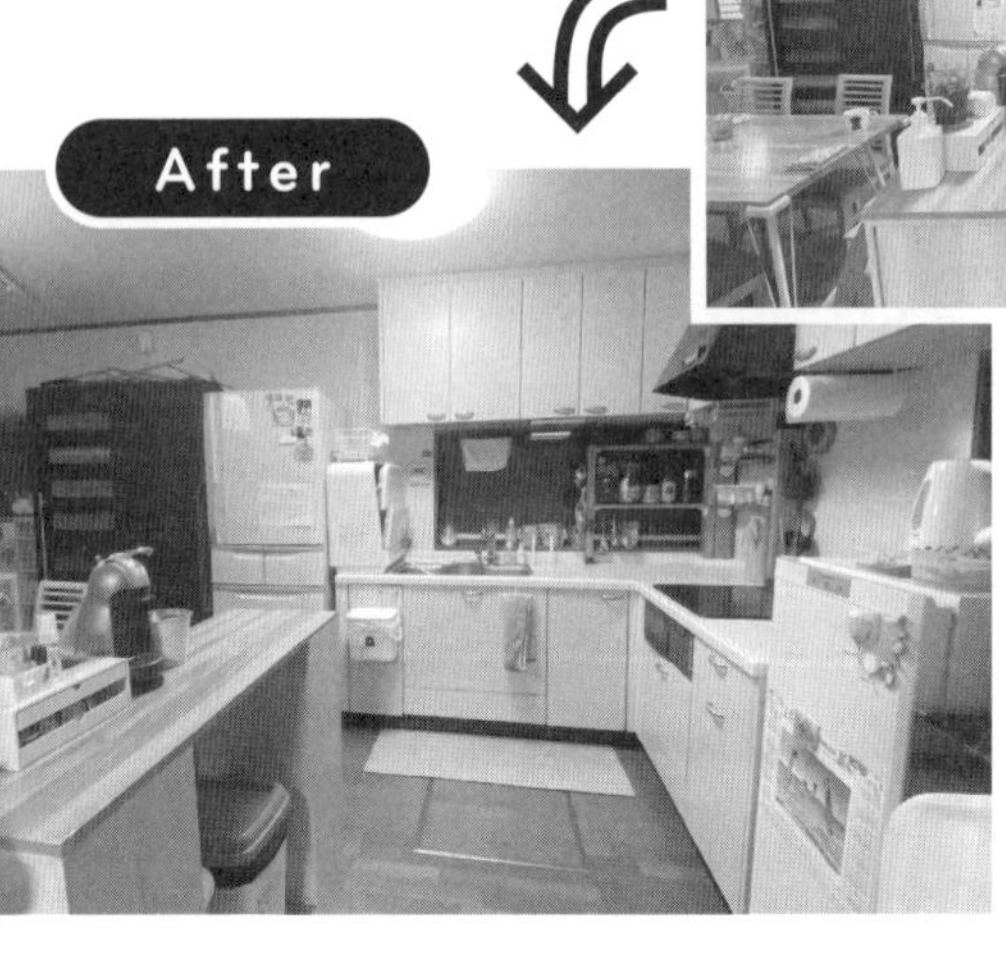

▲広さはあるもののL字のコーナーにモノがたまってどうすればいいかわからなかったキッチン

◀収納のストック品などを徹底的に見直しました。表面に出ているモノは最小限に

く、使うモノをしまう場所もなかった。そこで、まずは不用品を徹底的に減らしました。

「同じ引き出しでも数日前は必要だったモノが今日はいらなくなったりするんです。本当に不思議です」

事前にアポを取って家族に聞くていねいな行動が家族を変えた

同時にやったことは、夫と子どもに「私はこうしたいんだけど、どう思う?」と意見を聞くこと。

「今まで自分だけで勝手にやっていたと気づいて。子どもは自分で決めたことならやってくれるし、**夫も自分からは動かないけれど、『何日ならやってくれる?』とアポを取ると動いてくれるとわかりました。**これまで、そこをすっ飛ばしていたんですね」

驚いたことに夫の態度も変わりました。

古くなった衣類を処分しはじめたり、モノを運ん

ななさんが片づけをしたらご主人に変化が起きたのはよかったですね。ななさん自身もご主人に対する見え方が変わり、いいところに気づいたのも大きいのではないでしょうか。

でいると夫が「持とうか？」と持ってくれたり。また、何年か先だろうと諦め半分に頼んだ大工仕事は、仕事から帰るとすぐにやってくれました。

片づけで会話が増えると、夫が自室にこもる理由が判明します。夫はリビングでゴロゴロしたいのに、ソファが硬いので居心地が悪かったそう。近々、このソファも買い替える予定だとか。

ななさんがファシリテーター役に徹し、家族それぞれがこうありたいと思う部屋を見据えたことで、みんなの気持ちが未来の家に向きました。ななさんは家族のベクトルを見事に合わせたのです。

「片づけが終わった今、夫とは深い話もできるようになりました。学びたいことがあるので相談したら『僕も好きなことさせてもらったし、やってみたら？』と背中を押してくれたんです。ホント、そこまで嫌なヤツじゃなかったんですよね（笑）」

夫婦関係悪化の元、「片づけ問題」に注目する

「片づけられない夫」が妻の片づけを機に自分で動けるように

家族構成	美樹さん（37歳・養護教諭）＋夫＋子ども2人

たとえ家族であっても、他人は簡単には変わりません。一つだけ変えられる可能性があるとしたら、まず自分が変わることです。

美樹さんは、夫と5歳・1歳の男の子の4人暮らし。結婚を機に引っ越したときから、まわりの環境も自分の生活も一変しました。

見知らぬ土地で友人もおらず、義実家の自営業を手伝う生活が始まります。早く慣れようと必死だった美樹さんに、衝撃的な事実が判明します。

「夫がまったく片づけられない人だったんです」

美樹さんの夫は結婚前に一軒家を購入して、実家で暮らしながらその家にも自分の荷物を置いていました。2人が生活し始めたときには、一軒家の中はすでにモノでいっぱい。引っ越しのときだけの一時的な状態かと思っていましたが、夫は一向に片づける気配がありません。

キッチン

▲家の中でも長い時間を過ごすキッチン。モノでいっぱいなので作業するスペースが狭くて不便

▲夫に気をつかわずに自分の納得いくまで片づけたら料理がグッとしやすくなりました

「目の前にモノがないと、不安になっちゃうみたいで。夫のモノじゃなくて私のモノでも、捨てると『なんで捨てるんだ』と怒るんです」

家の片づけが原因で言い争いをしたことは、一度や二度ではありません。**片づけの問題は、常に夫婦関係の悩みでもありました**。

「夫は何回も買い物に行くことを時間のムダだと考えて、ティッシュなどを箱買いするのでストックが山積み。でも、空きボトルとか明らかにいらないモノも捨てないんです」

子どもが生まれてからは子どものモノも増えて、美樹さん1人では管理できなくなってしまい、さらに散らかるように。

「このままじゃ家がパンクしちゃう」と美樹さんは危機感を覚え、生活の基盤を整えるために片づけ始めました。

ダイニング

▲部屋の使い方をはっきり決めずにおもちゃもたくさん置いていたダイニング

▲「ここはごはんを食べる場所」と決めて、目的にそぐわないおもちゃなどは移動

夫に片づけについて相談すると、一言「興味ない」とバッサリ。**美樹さんは、自分と子どものモノを減らして片づけることに集中しました。**

あえて言葉には出さず行動で〝気づかい〟をアピール

美樹さんは、モノを使う人がどんな気持ちで使うのか、どうしたら使いやすいと感じるのか、家族の行動を観察して定位置を決めることにしました。

「片づけってモノを捨てるだけじゃなくて、生活しやすいように整えること。**夫にも〝あなたのことを見て気づかっていますよ〟ということが伝わるといいなと思って**」

あえて〝片づけ〟というワードを使わず、夫の動線上によく使うモノを配置することにしました。例えば、お酒とおつまみを置く場所を近づけたり、仕

家族だからわかり合えて当然、というのは幻想です。 相手の気持ちを考えて自分が行動すること、相手の行動の裏にある気持ちを察すること。やってみると絆が深まりますよ。

事をする場所にゴミ箱を置いたり。脱ぎっぱなしだったパジャマを入れるカゴを用意すると、そこにちゃんと入れてくれるように。

片づけでモノを手放すと、夫の「なんで捨てるの」という声が何度も頭の中に聞こえてきそうになったと言います。でも最後まで片づけられたのは、「私が決めたからやるんだ」という美樹さんの強い気持ちがあったから。

美樹さんが変わることで、夫にも大きな変化がありました。仕事の繁忙期が終わる頃に、自分のモノを片づけることを約束してくれたのです。

「本当は『自分だけ片づけても変わるのかな』っていう不安もありました。でも、想像以上に変われました！」

勇気を出して、まず一歩を踏み出した美樹さんの行動が夫の意識も変えたのです。

片づけに関する夫婦の認識のズレを修正する

片づけに無関心な夫 部屋ごとの理想を共有したら お互いねぎらえる関係に

家族構成	さくらさん（33歳・教員）＋夫＋子ども1人

「私は昔から片づけができなくて、散らかっている家をどうにかしたいとずっと思っていました。でも夫には『俺は今のままで困っていないし、散らかっていてもなんとも思わない』と言われました」

そう話すさくらさん。広めの４ＬＤＫの家の中には収納もたくさんありますが、夫婦ともに捨てられない性格のためにモノがあふれていました。さらに、当時生まれて4カ月だった息子のモノもどんどん増えていきます。

「お散歩のときも、リビングに置いてあるお散歩グッズを忘れて戻ることもしょっちゅう。定位置がないので、ムダな動きが多かったです」

そこでさくらさんは片づけを決意。まずは自分のモノを中心に片づけ始めました。モノの量を減らすために家の中のモノと向き合います。彼女は思い出の詰まったモノをなかなか手放せないので、これは

リビング

After

▲広いリビングに置かれたテーブル、棚、床などすべての場所にモノが散在している

◀子どもが安心してハイハイできるように。床が広く使えて、棚には空いている場所も見えます

とても苦労する作業でした。小学校の頃の手紙や当時コレクションしていたメモ帳、中学校・高校時代の手帳など、ずっと保管していたモノばかり。

「あまり見返すこともないのに、入れられる場所があるから押し込めていたんです。でも、**講座中に聞いた『空間が未来を助ける』という言葉が刺さりました**。今、私と夫のモノだけでパンパンなのに、これから増えてくる息子のモノをどうしようと思って。何もない空間があってもいいんだ!と、気づきました」

夫のモノは依然として片づかないままでしたが、決して「片づけて」と催促することはありませんでした。**その代わり、「床がきれいになったら、子どもがハイハイできるね」「私はこの本をリサイクルに持っていくけど、何か一緒に持っていく本ある?」など、気持ちを促す声かけを続けました**。

キッチン

▲「あれどこだっけ?」という探し物が多く、プチストレスが積み重なっていたキッチン

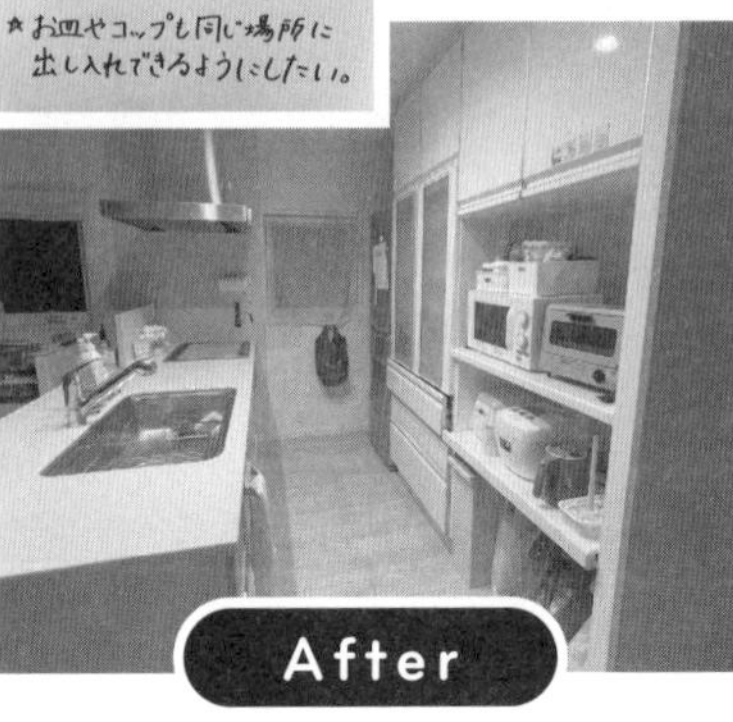

▲片づけのゴールを「取り出しやすい」にこだわって使い勝手がよくなりました

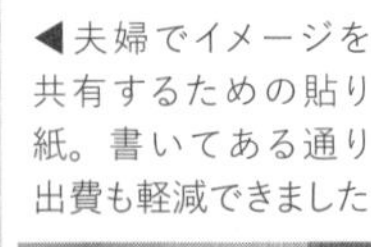

台所
☆どこに何がどのくらいあるか夫婦でわかっている!
調味料や食材を重複して買わないことで出費をおさえられる。
☆お皿やコップも同じ場所に出し入れできるようにしたい。

◀夫婦でイメージを共有するための貼り紙。書いてある通り出費も軽減できました

すると、夫の行動に変化が見られました。ある日、夫が急に「手伝うことある?」と話しかけてくれました。

「うれしかったですね! たぶん、息子にとってのメリットを伝えたのがよかったと思います。そこから、いろいろと相談できるようになりました」

部屋ごとの理想を紙に書いて夫とイメージの共有をした

さくらさんは、夫と片づけのイメージを共有することが大切だと気づきます。**「リビングではテレビを見る。くつろぐ」など、部屋ごとの理想を紙に書き出して壁に貼ると、お互いにやるべきことが自然と見えてくるように**。

特にイメージの共有が役に立ったのは、キッチン。夫が料理好きなので、夫婦ともによく使う場所

さくらさんのよかったところはなんといってもご主人とゴールのイメージを共有できたことです。ゴールが共有できるとお互いがやるべきこと、できることが明確になります。

です。

「私が使うときに計量カップがなかったり、同じ調味料がいくつも出てきたり、ということがよくありました。ちょっとしたことですが、ストレスだったんです。でも、今ではそんなことがなくなりました。料理酒がなくなったことに気づいて私が補充したら、夫が『使いきったはずなのに、ある！』と驚き、『買っておいたよ』と伝えると、『ありがとう！』と言ってくれたこともありました」

新しくキャンプ道具を買ったときも、きちんと置ける空間があるということが嬉しかったそう。

片づけ終わった今では、息子が家じゅうを思い切りハイハイして回り、つかまり立ちもするようになりました。夫婦が目標としていた光景です。さらに、ロボット掃除機が動くたびに「片づけてよかったね」と夫婦で喜び合っています。

モノと感情をため込むと夫婦関係も悪化する

「部屋が片づいたら、夫婦関係が良くなりました」

片づけを終えられた受講生からこんな嬉しい声をよく聞きます。

私は片づけってコミュニケーションそのものだと思っています。まずは、自分の心とのコミュニケーション。「これはあなたにとって本当に必要なモノ？」「将来にも持っていきたいモノ？」と自分自身に問いかけ、モノの選別をする。次に家族とのコミュニケーション。家族と話し合いをしながらモノの選別や置き場所を決めていく。

この作業をやっていくうちに、**自分や家族の本音が自然とわかるようになり、片づけ以外の問題にも向き合えるようになる**のです。

家が片づかないときは、モノと一緒に感情もため込んでしまうことがあります。

離婚前の私がまさにそうでした。それまでは家事は好きだったし、片づけのやり方も知っていたのですが、そのときはまったく片づけられなくなりました。将来に対する不安が大きかったので、**モノをため込むことで安心感を得ていた**のかもしれません。

今、夫婦仲があまり良くないな、という人でも家を片づける中で夫との会話が増え、話し合いの中で関係が修復されていくかもしれません。一方、私がそうだったように一緒にいない方がお互いにいい生活ができると確信して、離婚を選択する方もいるかもしれません。

大切なのは、お互いが本心を隠さず、本当に望む未来を話すことだと思います。とはいえ、一方的に本音をぶつけてしまうとうまくいくどころか、余計にこじれたりしてしまいます。片づけをやりながら夫とうまくコミュニケーションをとる上でぜひ知っておいていただきたいことを紹介します。

・あなたにはゴミに見えるものでも相手にとっては宝物

夫の「ため込み癖」や「意味のわからないコレクション」に悩む方は多いです。片づけを始めるとそれらが目に余り、夫に断りなくドンドン捨てて大ゲンカになってしまった、という方が時々います。片づけはまずは自分のテリトリーから始めて、相手のモノには手をつけないのが鉄則です。お互い何も言わなくても、行動をしていれば「なんか最近片づけているな」ということは伝わります。夫の所有物の「手放す」「残す」は夫自身に決めてもらうことが大切です。

・協力してくれたらいつもの「100倍」の感謝を伝える

「100倍とは大げさな！」という声が聞こえてきそうですが、コミュニケーション不全に陥っている夫婦ではそれぐらいの気持ちでいないと「ありがとう」の言葉ひとつが出てこないんです。「ありがとう」と感謝を伝えることはコミュニケーションの入り口です。仕事相手やママ友にはよく言うのに、なぜか夫や子どもにはあまり言っていなかったわ、とおっしゃる方がいます。「今さら恥ずかしい」という方もいます。まずはゴミを捨ててくれた、自分が食べたお皿をシンクまで運んだ、など些細なことから感謝の言葉を伝えてみましょう。「〇〇やって！」と言うより何倍も相手を動かす力があることを実感できると思いますよ。

・期待でなく希望をつたえる

コミュニケーションにおいて、相手に怒りや不満を感じるのは、相手に対する期待があるからです。期待があるからその結果を得られないと「裏切られたた」という気持ちになり、怒りが湧くんですよね。

例えば、「〇日までにここを片づけて」と夫に伝えた場合、それは妻の気持ちを一方的に夫に押しつけていることになり、夫側に「やらない」という選択肢はありません。夫は自分の気持ちを蔑ろにされていると感じ、やりたくなくなる。やらないと妻の怒りは爆発する、という負のサイクルになります。

しかし、「〇日までにここを片づけてもらえると嬉しいけど、あなたはどうする?」と「希望」で伝えれば、相手に対する要求は低くなり、それをやるか、やらないかの選択は相手にあることになります。やらなかったとしても、「希望していただけなんだから仕方ない」と思うこともできます。少しの違いですが、この考えを頭の片隅においておくだけで、ストレスがグンと減ります。

彩智
POINT

片づけはコミュニケーション 相手に期待せず自分から動く

そもそも相手に対する「期待」はその通りに実現することの方が稀です。コミュニケーションをとる上で一番いけないのは、相手に期待しすぎることです。

ワンオペの育児で負のサイクルに 自分から動いたら 家族が協力してくれた

家族構成	さちこさん（44歳・経理事務）＋夫＋子ども2人

人はどうしても楽な方に流されてしまいます。家の中が散らかっている人は、片づけないという楽な選択肢を選び続けてしまったのです。そのとき、自分に都合のよい言い訳もきっと一つや二つは思い浮かんでいるはず。忙しいから。毎日疲れているから。時間がないから。

「私は子どもがいるから片づけができないんだって思っていました」

さちこさんは、11歳と3歳の子どもを育てながら仕事もしていました。夫は仕事中心であまり家事・育児の協力が得られないので、片づけに費やす時間がないと嘆くのも当然かもしれません。

「ほぼワンオペの状態で育休から復職。頑張って働いていましたが、ちょっと仕事が回らなくなったタイミングで職場の人との信頼関係がうまく築けなくなり、私に余裕がなくなってしまって……」

キッチン

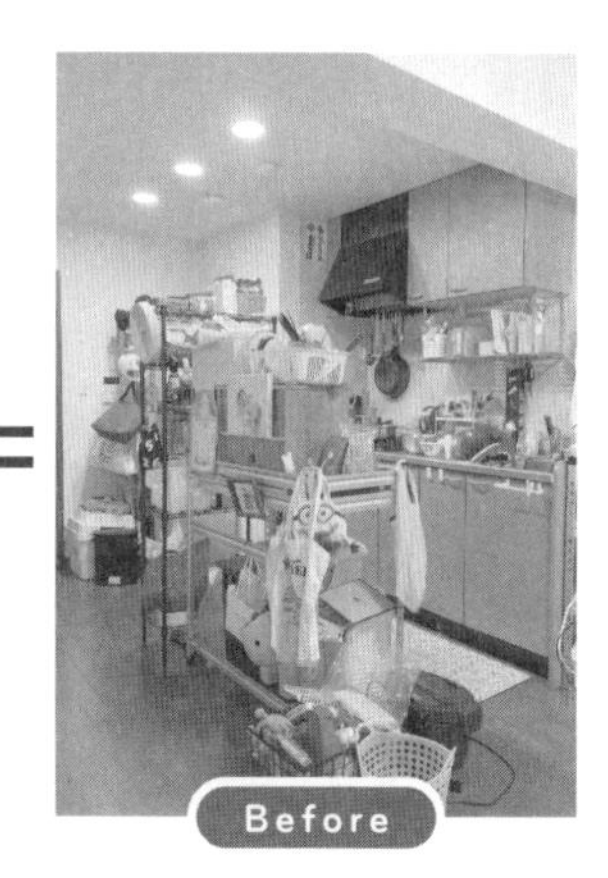

▲キッチンの収納が少ないのでラックや棚を設置してモノを詰め込んでいました

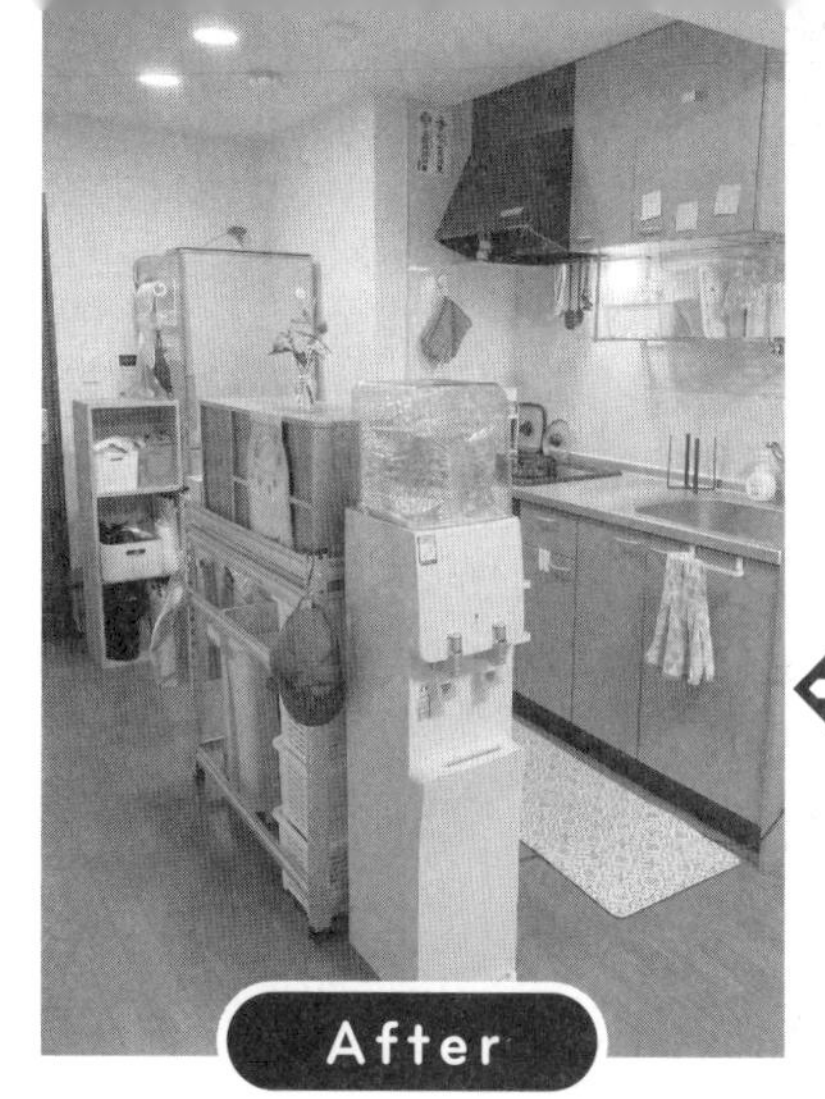

▲不用品を手放してモノの量を減らし、棚を一つ撤去。空間にも余裕ができてスッキリ

職場のデスクは散らかり放題で、探し物ばかり。その結果ミスも増え、少しのことから始まった負の連鎖は止められなくなってしまいました。

当時は家の中も洋服、書類、本などが散乱してしまう状態に。「もう無理だ」と思って退職したさちこさんは、次の職が見つかるまでの間、せめて家の中を片づけようと決意します。

長男は、3年ほど前から不登校が続いていました。さらに、自分だけのリズムで生活をしている夫にも不満がたまっていました。**自分が変わることが、家族みんなの笑顔につながるかもしれないと思った**のです。

「改めて家の中を見回してみると、長く使っていないモノやもう必要ないモノばかり。なんで今まで残していたんだろうって不思議でした」

少しでも時間があるときは、片づけについて考え

コンロ周り

▲コンロ周りもごちゃごちゃ。料理をしていても何かをどかすところから作業が始まります

▲料理が好きな長男も使いやすいように調理道具は取り出しやすさを考え収納

ていました。不用品を手放し、モノの定位置を探す。次男が起きている時間はなかなか片づけを進められないので、昼寝の時間や寝かしつけが終わった夜の時間を活用しました。

不登校だった長男は片づけに興味を示し、料理もしてくれた

長男は片づけに協力的でした。

たまに夕ごはんを作ってくれるほど料理が好きなので、キッチンの片づけは長男の意見も採り入れることに。フライパンや調味料などを子どもの身長でも取り出しやすい場所に収納するために、場所を検証して一緒に最適な場所を見つけました。

「自宅でパーティーを開いたとき、ほとんどの料理を長男が作ってくれました。人が喜んでくれるのは好きみたい。これからそうやって長男が料理の腕を

子どもの成長は親自身が気づかないことがあります。さちこさんの長男さんも実は片づけも料理もできるほど成長していました。親は子どもを手助けしすぎて可能性を潰さないで。

振るう機会を増やしていこうかな」

さらに、**家の中がきれいになると探し物がなくなり、さちこさんのストレスが減りました**。

「ずっと心の中にあった『片づけないと……』という気持ちもなくなりました。片づけが生活の一部になって、やらなきゃいけないタスクではなくなったんです」

転職先も決まり、自分らしいペースで働けるようになりました。

「**なんでも『できない』と諦めるのではなくて、『どうしたらできるようになるか』という考え方になりました**。前と変わらず、時間はないし、忙しい。でも、自分で『ここまでならできる』ということがわかるようになったんです」

今の気持ちをひと言で表すと、「穏やか」。長男と向き合える時間も、家族の笑顔も増えました。

子どもにイライラをぶつけて自己嫌悪に陥っていたが、片づけはできた

子どもに怒鳴る毎日から
きれいな部屋で
子どもに「ありがとう」と言えた

家族構成	イズミさん（34歳・パート）＋夫＋子ども2人

4歳と1歳の子どもを育てるイズミさんは、毎日自分でも怖いくらいの声を出して、子どもに怒鳴っていました。

「朝の準備が遅かったり、床に散らかっているミニカーを踏んだり、スイッチが入るきっかけはさまざま。よくないとはわかっているんですけど、子どもに怒って、自分も落ち込んで、ということをくり返していました」

何かあると、長男に対してイライラをぶつけてしまいます。**冷静になってから「あんなに怒ることじゃなかったな」と反省したのも、一度や二度ではありません**。

夫は単身赴任で2〜4週間に1回ほど帰ってくる生活。基本的にワンオペで家事・育児をこなしています。

マンションから一軒家に引っ越したときは、とりあえず生活できるように整えただけ。きれいな家で

リビング

▲ひどいときは90台以上のミニカーや電車のおもちゃが散乱していたリビング

▲おもちゃは子ども部屋の決まった箱の中に片づけて、家族の共用場所はきれいをキープ

暮らしたいと思いながらも、リビングはおもちゃが散らかり放題、ダイニングテーブルはモノが置きっぱなし。掃除をしようと思っても、片づけから始めなければいけないのでそこまでたどりつきません。**本当は怒りたくないのに怒ってしまうため、自己嫌悪や精神的な疲労も蓄積されて、イズミさんは負のループに陥っていました**。

「もしかすると、部屋が散らかっていることがイライラの原因なのかも」と思い、忙しいながらも片づけてみることにしました。

週5日のパートに加えて家事・育児に時間を取られる中、活用したのがタイマーです。「10分だけ時間がある」と思ったら、タイマーをかけて片づけをスタート。棚の引き出し一つ分だけなどできるのは部分的ですが、これが積み重なって着実に家の中のモノが減っていきました。

クローゼット

▲引っ越しのときにとりあえずモノを押し込んで使い勝手の悪いままだったクローゼット

▲不用品を手放し、季節の洋服を別の場所に保管するなど使いやすい工夫でスッキリと

「**長男に『ママ、家が散らかっていると心がザワザワするんだ』って話したんです。**すると、少しずつですが、片づける日を決めて自分で片づけてくれるようになりました！　**ほめたり、『ありがとう』って伝えたりすると、うれしそうにしてくれて**」

「環境が人を作る」を実感 きれいな部屋に怒鳴り声は不要

イズミさんは声かけも工夫しました。

たくさんのおもちゃを手放したくない長男に、「使っていないおもちゃが入っているこの箱がなくなったら、新しいおもちゃが一つ置けるね」と、モノを手放すメリットをちゃんと話すように。

結果、古いおもちゃを大量に手放すことができ、長男は大好きなおもちゃを一つ手に入れて、イズミさんも長男も大喜び。

イズミさんがよかったのはお子さんにママの気持ちをちゃんと伝えたこと。「○○して」と一方的に言うより伝わりやすいです。「ありがとう」と感謝を伝えられたのも素晴らしい！

こうして家の中がきれいになるにつれて、イズミさんの怒鳴り声が家から消えました。叱ることはありますが、大きな声を出さなくなり、子どもが文句を言ってきても「今はそういう気分なんだね」と受け止めてあげられるように。

「環境って大切なんですね。**きれいな部屋の中だと、怒っている自分が不釣り合いに思えてきたんです**。片づけが終わってから毎日お花を飾っているんですけど、『きれいなお花がある場所でイライラしている私って、どうなの？』って（笑）」

お花は、お店で長男と一緒に「どれがいい？　せーので言ってみよう」と選んで買っています。今では、「今度はいつ行く？」と2人の楽しみにもなっています。

もうすぐ夫の単身赴任が終わります。そのときには、家の中を見直してもう一度片づける予定です。

片づけたら「溺愛の息子」と「反抗期の娘」の本当の姿が見えてきた

家族構成	あきこさん（41歳・事務職）＋夫＋子ども2人

あきこさんは、夫、息子、娘の4人で念願の新築の家に引っ越しました。1年も経たない頃、大きな災難に見舞われます。

近隣で大きな事故から火災が発生し、家にいたあきこさんはあわてて外に逃げ出しました。延焼を防ぐために消防車があきこさんの家にも放水し、家財道具はすべてダメに。

「家族はみんな無事でしたが、大好きな家だったのでとてもショックでした。私たちは何も悪いことをしていないのに、なぜこんなことになるのだろうと、行き場のない怒りでいっぱいでした」

一家が建て直した家に住めるようになったのは、4年後。お気に入りのインテリア雑貨などで家の中を飾り、幸せな日々が戻ってきました。

新生活が始まってしばらくしたら、今度は別の問題が起こります。当時小学5年生だった息子が友だ

リビング

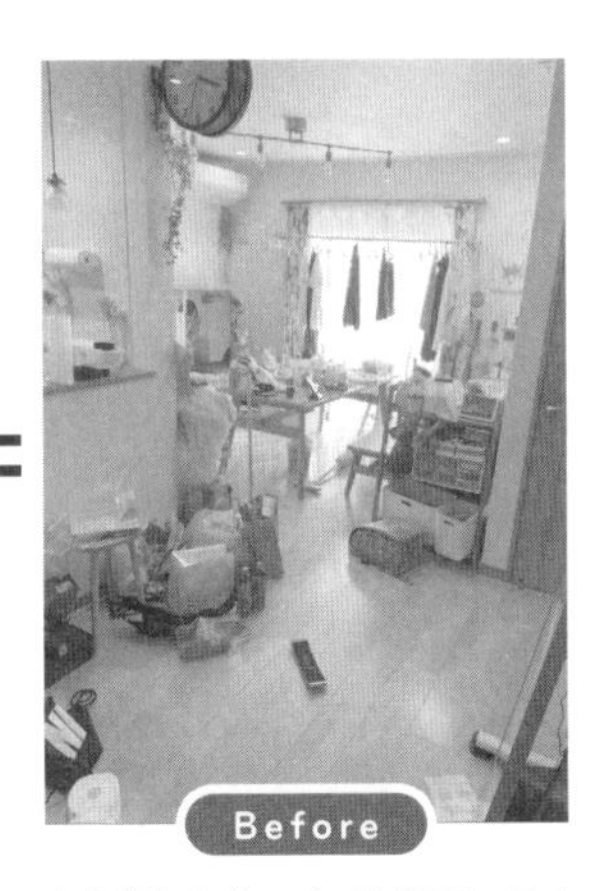

▲お気に入りのインテリアも、モノが多すぎて埋もれてしまっているリビング

▲雑貨がきれいに見えるようになって快適な居心地に。大好きな空間になりました

ちから意地悪なことをされていたことが発覚。当の本人はあまり気にしていないようでしたが、話を聞いたあきこさんは息子以上に考え込んでしまいました。

「私は子どもたちに過干渉。特に息子を溺愛していると自覚しています(笑)。そんな息子のことなので心配しすぎて私の方が悩んでしまい、家事も手につかない状態になってしまったんです」

小学2年生の娘とは口を開けばケンカになるような関係。何か言えば反論してくるので、あきこさんにとってはずっと反抗期に思えていました。

気づいたら、あれだけ大好きだった家の中は散らかり放題。これではいけないと、片づけ始めます。

いつもなら不用品を集めてから捨てるモノを決め、その量に合うサイズのゴミ袋を選んでいました。でも今回は、大容量のゴミ袋を手に家の中を歩き回り、「使わない」と判断したモノを袋いっぱい

食器収納

▲ギュウギュウにしまいこんでお皿を１枚取り出すのも苦労するキッチンの食器棚

▲〝いる・いらない〟を何度も見直して必要なモノだけ厳選。取り出しやすく、戻しやすい

になるまでどんどん入れていく作戦に変更。

「モノを手放して家から出すことに徹底したんです。もったいないと思うことをやめました」

目につくのは、多すぎるストックや、使いたいときに見つからずに何個も買ってしまったモノたち。手放してみると、家の中は本当に必要なモノだけになりました。

部屋がきれいになると心も整い子どもの本来の姿が見えてきた

片づけを進めるうちに、あきこさんの心も整理され、目に映る子どもたちの姿に変化が起こります。

小さな頃からすべてのお世話をしてきた息子は、自分では何もできない子に育っていました。「これはどう思う？」と意見を求めても、「わかんない！」と言うばかり。

息子さんのことを心配しすぎたり、娘さんを反抗的と思ってしまったり。以前はあきこさんの思い込みが強かったのかな？　片づけを通してお子さんの本心が見えた方は多いです。

「私がこういう風に育ててしまったんだと、申し訳ない気持ちになりました」

自分で考えて行動できる子になってほしいと、改めていろいろと教え始めました。今は脱ぎっぱなしだった制服をハンガーにかけるなど、少しずつ成長を感じています。

また、文句を言い合っていたはずの娘とは、いつの間にか本音で意見の交換ができる関係に。

「**もともと自分の考えをしっかり持って伝えてくれていたのに、私が口答えだと思っていた**んですね。でも、今は私が迷ったときに意見を求めるほど頼りにしています」

娘も頼られることがうれしいようで、今ではかけがえのない相棒のような存在に。

〝家〟という土台の上に成り立つ〝家族〟の形。片づけによって、そのバランスも整ってきたようです。

親の背中を子どもは見ている「片づけなさい」がダメなわけ

多くの親が子どもに対して「片づけができるようになってほしい」と思っています。でも片づけって、「大きくなれば自然にできるようになる」というものでもないんですね。やはり**片づけって親の背中を見て学ぶことが大きい**です。

いつも部屋の中がぐちゃぐちゃの中で育ったのであれば片づけ方は学べないし、モノの置き場所がきちんと決められていない家であれば「片づけなさい」と言われてもどう片づけていいのかわかりません。

しかも、**中学生、高校生になり親からの自立が進むと、一緒にいる時間が減る上に、思春期は日常のコミュニケーションも難しくなります**。

「もっと小さい頃に片づけを教えるべきだった」というのは多くの親御さんがおっしゃいます。

でも、お子さんが今何歳であっても諦めるのは早いです！　今日が子どもにとって一番若い年齢ですし（もちろん、私たちもですが）、もし今親御さんが片づけに真剣に向き合おうとしているなら、その姿にお子さんは刺激を受けるはずです。

片づけを学ぶことで〝自律した生活〟を送れる力が身につきます。

時間通りに起きられない、自分の荷物も片づけられない、家のことも何もできないという大人では、たとえ立派な大学や会社に入っても生活や仕事をしていく上で困ることが多くなります。

ですから一日でも早く、子どもたち自身に片づけることの重要性、メリットを伝え、実践していくことが大事だと思っています。

- **忘れ物をしない整理整頓された部屋を維持する力**
- **受験勉強するときに自分でプリントやノートを整理する力**
- **部活などで忙しくても勉強する気になる環境をつくる力**
- **やりたいことをやるための時間管理能力**

これらの力も、〝自律した生活〟で身につきます。

私は中高生に「片づけ」のワークショップをやることもあるのですが、最初は生徒たちは「片づけは苦手」「片づけをする時間がない」と言います。

そこで、実際に生徒たちに1日の時間の使い方を書き出してもらうこともあります。そうすると結構スキマ時間やムダに過ごしている時間があることがわかります。その時間を活用すれば、さっと片づけもできるし、効率的に時間が使えることがわかるんですね。

片づけはモノをしまうだけでなく、必要なモノをすぐに取り出せて生活や勉強がしやすい環境をつくることが大事であること、片づけは時間管理と密接に関係があることを話すと、みな納得した顔になります。

今まで「片づけ＝叱られながら嫌々やるもの」と思っていた子たちも、片づけのメリットがリアルにわかるようになると、がぜん興味が湧くようです。

ここで気をつけたいのは、片づけをしてほしいことを子どもに伝えるときは夫と同様、「期待」でなく「希望」で伝えること。「いつまでに○○を片づけてね！」と「期待」を押しつけてしまう親御さんは多いと思いますが、**どんな小さな子どもでも自分の意思があります**。自分が「やる」と選択するまで待つことも大事。そこを待てなくてどんどん親が片づけてしまうと、いつになっても子どもの片づける力はつきません。

また、子どもなりに一生懸命片づけをしたのに、「なんでこんなにぐちゃぐちゃなの？」「なんでこんなに捨てるの？」とダメだしをしてしまう親御さんも要注意。**子どもが自分の基準で片づけたものにダメだしをしてしまうと、子どもは自分自身の判断に自信がなくなってしまいます**。親御さん自身の価値観とは違ってもそこは目を瞑り、できないことにフォーカスをするのではなく、できたことを見つけてほめるのが鉄則です。

また、学校に行っているお子さんなら、学期ごとに片づけの習慣をつけるといいでしょう。学期末に持って帰ってきたモノを親子で点検し、手放すモノと取っておくモノに分類し、取っておくモノは置く場所をきちんと決める。生活の区切りに持ち物を見直すことは、片づけの習慣化になります。

彩智 POINT

親が片づけに向き合えば子どもに必ずいい影響が

Column 3

習慣力を身につける5つのステップ

わかる

知ったことを行動に移し、経験することでヒントがなくても答えを導き出すことができる状態（例／使わないモノ、気に入らないモノを部屋から出したら、とてもスッキリした）

できる

使いこなすことができる状態にはなっているが、まだ繰り返し練習は必要（例／モノの減らし方はわかって実行しているが、気を抜くとまたモノが増えてしまう）

している

できる状態を何度も繰り返したことにより、それを無意識でも行っている状態（例／不要なモノはすぐに捨てる、モノを一つ買ったら一つ手放す、が自然にできる）

人は残念ながら一足飛びで成長することはできません。片づけも同様です。あなたは今どの状況にいますか？　この本に書いてあることを一つでも行動に移したら成長の証です！

ホメオスタシス（恒常性の維持）とは？

例えば、「暑くなったら汗をかいて温度調節する」など、環境が変化しても体の状態を一定に保とうとする生態的働きのこと。このように、とくに意識していなくても体が勝手に動いてやってしまう行動（例／食後に歯磨きをするなど）を日常生活に取り入れることができれば、習慣化の到達点。

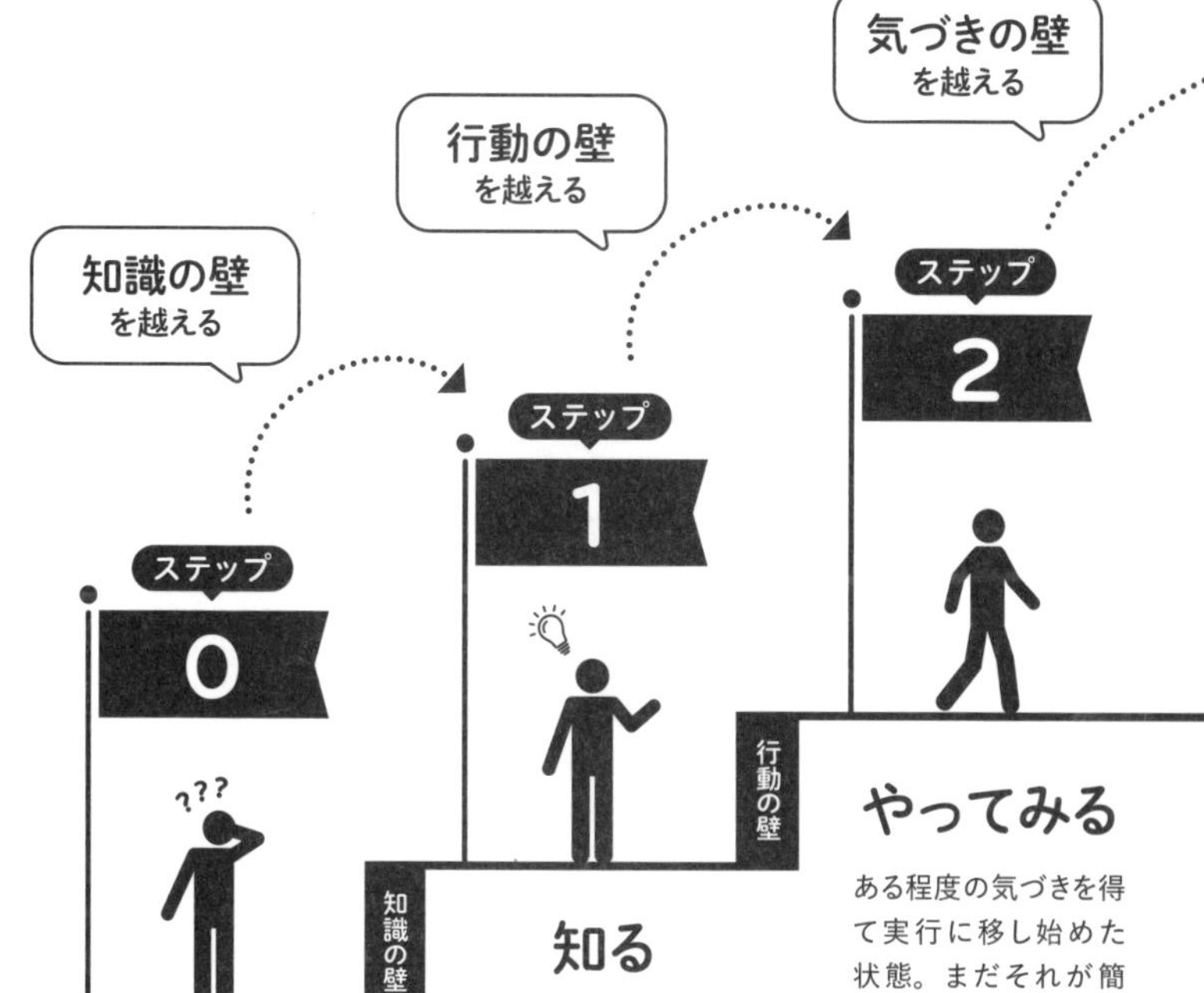

知らない

何も情報を持っていない状態

知る

何となくわかっていて、ヒントがあったらそれを使うことができる状態（例／片づけはまずモノの量を減らすことが大事らしい。でも減らし方はどうする?）

やってみる

ある程度の気づきを得て実行に移し始めた状態。まだそれが簡単なのか大変なことなのかはわからない（例／モノを減らすためには104ページのようなフローチャートがあると分類しやすい）

4章

仕組みを変える

仕組み化の第一歩は
モノの定位置を決めることだと気づいた
→P196

家族が多い家庭ほど、
片づけの仕組み化は必要
→P200

家の中の仕組みは
誰かのひとりよがりではいけない
→P204

片づけの仕組みがうまく回れば
家族関係もうまくいく
→P212

片づけは自分だけが頑張らず、
家族も巻き込む仕組みを作る
→P216

家族皆が自分のことは
自分でやる仕組みを作る
→P220

仕組み化の第一歩はモノの定位置を決めることだと気づいた

義両親と同居でモノがいっぱい 片づけたら人間関係も 仕事も上向いてきた

家族構成 | ひとみさん（44歳・鍼灸師）+夫+子ども3人+義両親

「家の中のごちゃごちゃをどうにかしたい」

これが、ひとみさんの一番の悩みでした。**もともと片づけは苦手で、家族7人で暮らす家の中はモノが多め**。常に床に出しっぱなしになっている状態です。頑張って片づけても、すぐに元に戻ってしまいました。

夫の理想は、生活空間にモノがなくスッキリしている海外で見るような家。現実とは程遠いものです。同居している義両親は何も言わないけれど、「きっと散らかっていることを気にしているだろうな」と、一人で思い込んでモヤモヤする毎日でした。

ひとみさんの実家をたたむことになり、取り急ぎ荷物を家に持ってくると、モノの量はさらに増加。どう片づければいいかわからないと途方に暮れていました。次第に散らかった自分の家に目が慣れて、モノの多い状態が〝風景〟のようになっていました。

ダイニング

Before

▲ダイニングから和室につながる空間にはいつもモノがいっぱいでイライラしていました

After

▲暮らしやすく片づけてみると、夫自慢の一枚板のテーブルが輝いて見えるように

まずは、家の状態を客観視して膨大な量のモノと向き合うことから片づけを始めました。**すべてのモノの置き場所を一つずつ決めていきます。**

自分の仕事のほか、夫が営む農業のお手伝いもしているひとみさん。経営が傾いている時期が続き、いろいろと手伝う作業も多くて片づけの時間を確保することが難しいときでした。

それでも、今回はやり遂げると決心し、スキマ時間も使って毎日少しでも片づけを進めました。夫にも「一緒に片づけよう」と声をかけると、自分のモノを手放したり、お互いに片づけたことをほめ合ったり、協力してくれるように。

家の中がきれいになっていくと、ひとみさんと夫の仕事にも変化が表れます。

「夫の仕事の関係で新しいビジネスの話が出てきたり、サポートしてくださる方が現れたり、いい方向

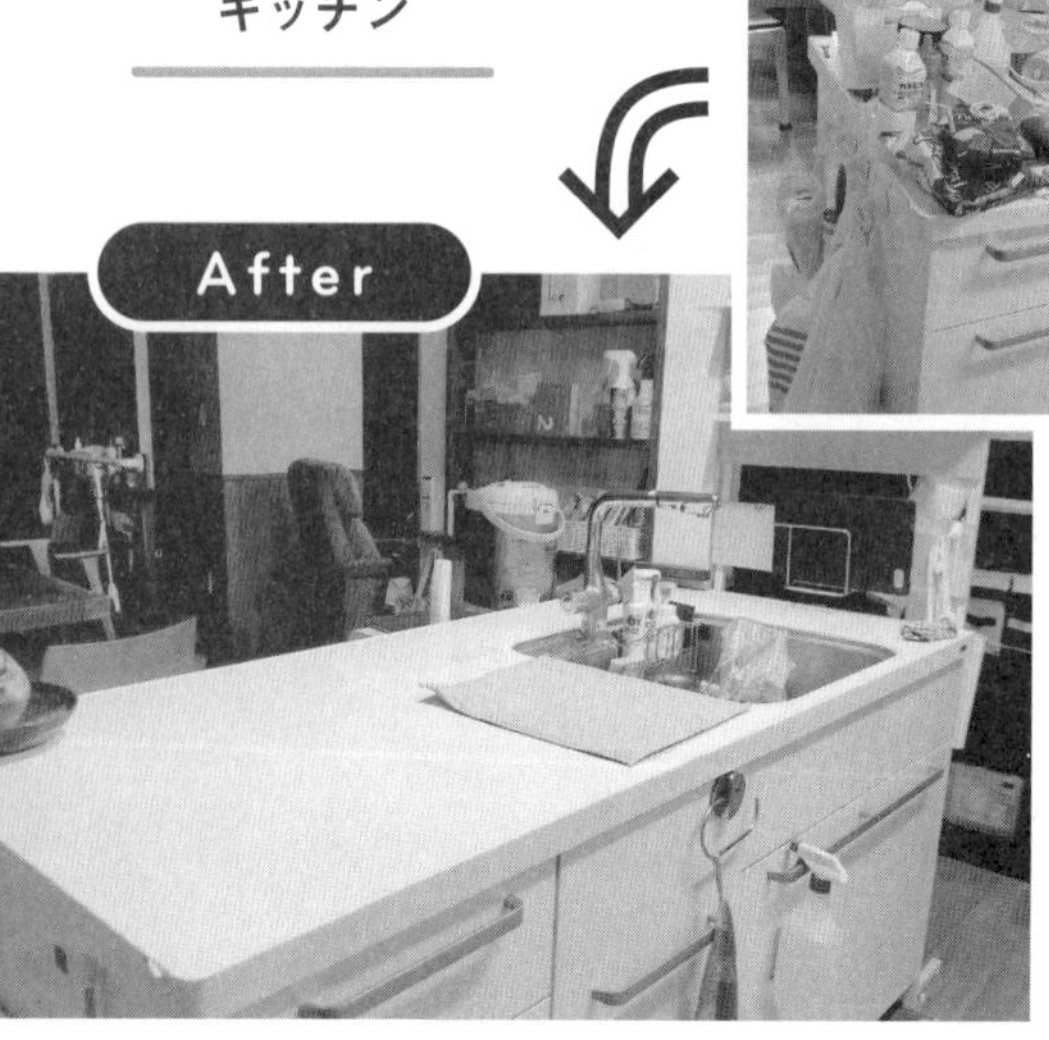

▲2世帯で使うキッチンの一部。作業するスペースがないほど散らかったアイランドキッチン

◀片づけが習慣化できた今では、1日の最後はいつもきれいにリセットできています

に向かい始めたんです。私自身も、鍼灸関係のオンラインセミナーを開いてみたら、友人がすごく協力してくれて50人以上集まってくれました」

片づけで目的意識が明確になり仕事にもプラスに影響した

片づけと仕事は、一見するとまったく関係ないように思えます。でも、片づけで自分の意識が変わると、仕事にも影響してくることがあります。

「仕事も家のモノも、自分で何とかしようと思ってため込んできました。でも結局どうにもできなかった。今は解決するべきことが明確になって、人に素直にSOSを出せます。片づけを通して、目的意識を持って実際に行動するということができるようになりました」

これは一緒に片づけをしていた夫も自身に感じて

家庭でも仕事でも自分だけが頑張らなきゃ回らない、という仕組みは危険ですし、人が育ちません。周りをちゃんと巻き込んで人に助けを求めることもいい流れを作るポイント。

いた変化とのこと。時間の使い方も変わりました。

「**ムダな時間を意識するようになりました。必要なことにフォーカスして動くと、未来の自分のための時間ができる**。時間もお金もいい流れができ始めているように感じます」

片づけ終わると、家の中は夫婦で目指していた心地よい環境に。でも、これからも実家のモノや夫の作業場など、まだまだ片づけは続きます。

かつては「片づけ方がわからない」と悩んでいましたが、それが解消された今は行動するのみです。

「40代って家族やビジネスの面でも『大丈夫かな』って一度立ち止まる年齢だと思うんです。私の場合、片づけという大きな〝しこり〟のようなものがありました。思い切って行動するとそれがなくなり、いい方向に変わることもあるんですね」

家族が多い家庭ほど、片づけの仕組み化は必要

親の介護と子どもの反抗期 片づけも他のことも 周りに頼っていいと思えた

家族構成	あやこさん（51歳・専業主婦）＋夫＋子ども2人

家の中のあらゆるモノを把握しているのは、母親だけ。そういう家庭は多いかもしれません。**あやこさんも「自分がいなくなったら残された家族は暮らしていけないかもしれない」という不安を抱いていました。**

きっと家にある大量のモノをどうすればいいのかわからない、と家族は途方に暮れるでしょう。

あやこさんが家の片づけをやろうと決めたのは、四つのタイミングが重なったからでした。

- **自分が50歳という節目の年を迎えた**
- **夫の単身赴任が決まった**
- **病気の母親の介護が始まった**
- **子どもたちの反抗期が来そう**

母親の介護のため、実家と自分の家を往復する日々が始まろうとしていました。でも、夫は単身赴任になり、子どもたちの協力なくしては家のことが

キッチンカウンター

▲あやこさんのモノやリビングで勉強をする次男のモノでカウンターはパンパン

◀あやこさんのモノを大量に処分。収納しているモノが見やすくなり、探し物が減りました

回りません。

「例えば、子どもたちに『ごはんを温めて自分たちで食べてね』と言っても、当時はできなかったと思います。どこに何があるのかわかっていなかったし、今まで全部私がやってきていたので」

一人っ子で頑張り屋さんのあやこさんは、自分が全部やらないといけないと思い込んで、家事もすべてこなしてきました。

中学生の長男は、あやこさんの言うことにはすべて口答えする年頃。コミュニケーションは難しくなりましたが、まだ家のことを手伝ってくれているうちに、母である自分がいなくても生活できるようになってほしかったのです。

あやこさんはスキマがあればモノを押し込むタイプ。自分だけは把握しているつもりでしたが、実際はモノが多すぎて、どこに何があるかわかりません。

食器棚

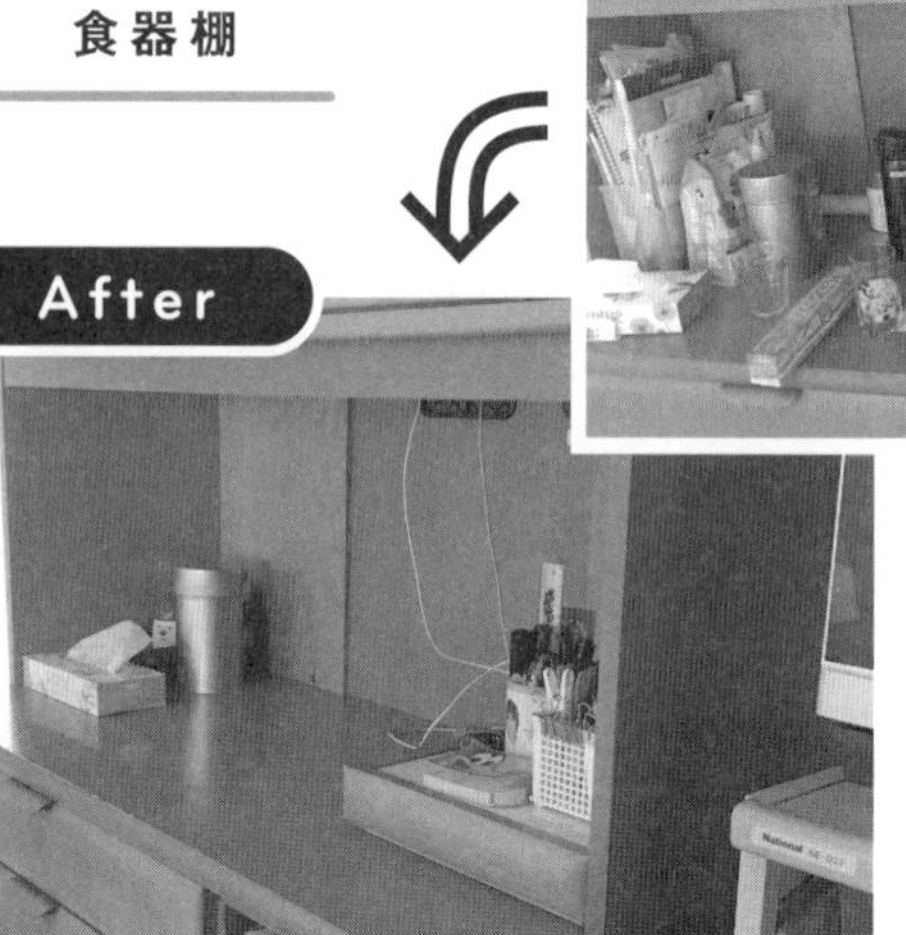

▲食器棚の一角に無造作に置かれたモノたち。すべて必要なモノだと思い込んでいました

◀ほぼいらないと気づいて手放すと、料理やちょっとしたモノの一時置きスペースができました

「客観的に家の中を見直すと、こんなに散らかっているんだとビックリしました！」

棚や冷蔵庫の中までチェック 反抗期の子どもも手伝ってくれた

まずは家族が把握できる量までモノを手放します。食器棚や冷蔵庫の中なども徹底的にチェック。冷凍庫から同じような冷却まくらが5個も出てきたことも。

片づけを進めていると、反抗期真っ盛りの長男が「みんなで使うところをきれいにするのは協力する」と手伝ってくれたのは驚きでした。

次男は、暇な時間ができたときに突然「部屋を片づける！」と言い出し、その勢いのままに自分の部屋をきれいに片づけました。リビングやダイニングの片づけにも積極的に参加。**2人ともあやこさんの**

家も会社も、誰か特定の人だけが頑張って成り立っているチームは続きません。それは仕組みづくりができていない証拠です。仕組みを作れば家の中から悪者がいなくなります。

頑張る姿を見てくれていたのでしょう。

「子どもたちの身のまわりのことを、全部私がやるのが当たり前だと思っていたんです。自分の理想を押しつけるようにしたことも。片づけを進めるうちに、私が子どもたちの成長を止めてしまっているかもしれないと気づきました」

家が片づくと、**あやこさんは自分だけで抱え込んでいたことを少しずつ手放しました。**家のことは子どもたちにできることをお願いし、困ったことは夫に相談。実家のことは父親やケアマネージャーさんにも頼り、ショートステイなどのサービスも受けるようにしました。

「思い切ってあのタイミングで片づけられて本当によかった。片づけは未来の自分へのプレゼントだったと思います」

家の中の仕組みは誰かのひとりよがりではいけない

大量の母の遺品を片づけたら
姉妹が本音で話し合い
新しい仕組みを作ることができた

家族構成 | 紗英さん（45歳・病院経営）＋父＋妹

元気で社交的な紗英さんは、目標にストイックな行動派。若いころは、夢だった仕事に就いて海外で暮らし、帰国したあとは柔軟に方向転換。家業の病院を継ぎ、仕事に生きる人です。

母ががんと診断され、自宅介護が始まったのは6年半前。最後の2年は全介助となり、介護に専念する妹とともに通院治療と日々のケアを続けました。

太陽のように明るく自由な母がいなくなると家にはぽっかり穴が開き、家族の関係は少しアンバランスに。折しもコロナ禍、医療従事者の一家は慌ただしく、毎食自炊で片づけまで手がまわらず、家は散らかりだしました。

たくさんの遺品も片づかない一つの理由。母は「趣味の人」だったこと。アンティークなどのコレクターで、自身ものの作りが好きな人でした。

「食器に人形、書籍までジャンルを問わず収集する

洗面所

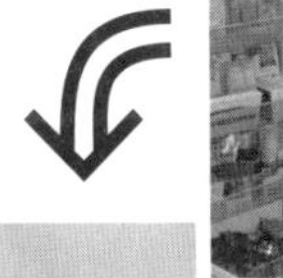

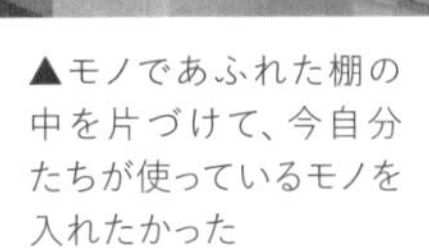

Before

▲モノであふれた棚の中を片づけて、今自分たちが使っているモノを入れたかった

After

◀必要なモノだけ残してスッキリ。不用品が消えると空間が明るくなったように感じます

人でした。基準は〝かわいい〟という一点で、骨董品から『何これ？』っていうモノまでいろいろあります。母が元気なときに処分しようとしたんですが、母がいなくなるのを認めるみたいで家族が止めました。でも、元気なうちに少しずつ片づければよかったと思います」

母を見送って1年が経ったころ、はたと「このままじゃ母をしのぶお客さまを呼べない。形見分けもできない。本気出さないと……」と思った紗英さん。

本当に住みたい家にしていこうと決め、家族にも片づけの協力を申し出ました。**ゴールは、収納された遺品を一度全部出し、処分するモノは処分、譲るモノは譲る、活用するモノは飾るなどして、いまここで暮らす自分たちのモノがきっちり収納できること**。

あらゆる収納から母の〝かわいい〟コレクションが見つかりました。

収納棚

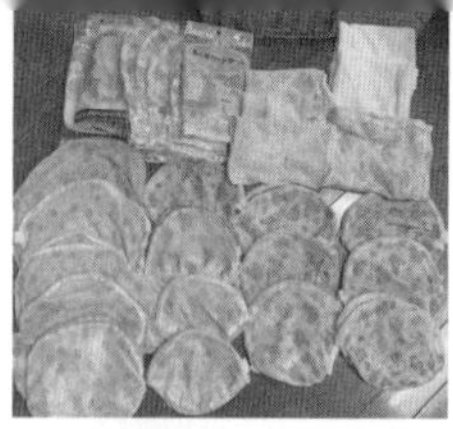

◀かわいらしい柄の洗濯ネットは約30枚も。きっちり畳んでコレクションされていました

▲大量のフライパンや鍋が棚の中に収納されている一方で、よく使うモノは床にあふれていた

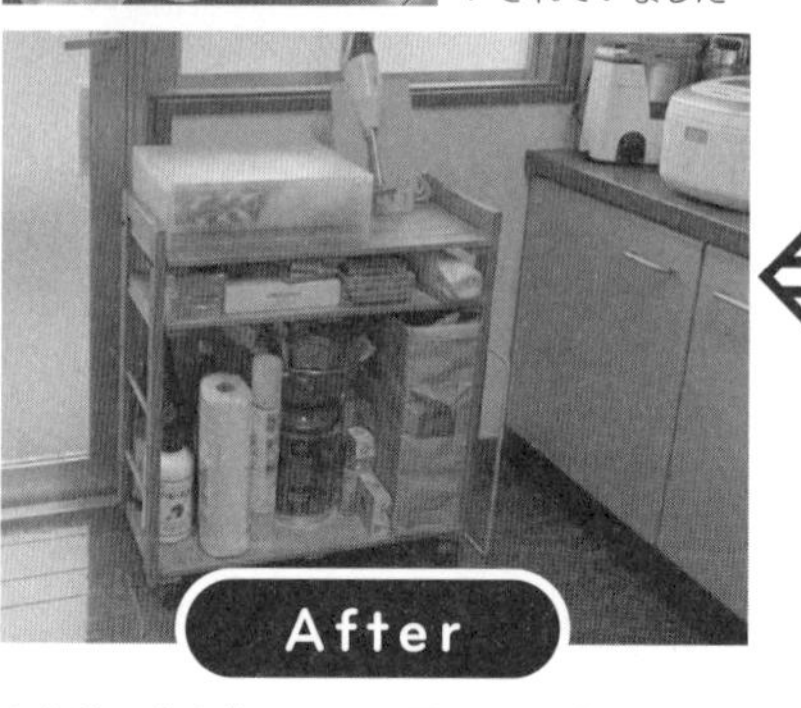

▲収納の中を整理して、不要なモノを処分。生まれた空きスペースに床置きのモノを収めました

100年前のお宝から200枚近くあるタオルまで。かわいい柄の洗濯ネットが30枚も出てきたこともありました。

モノを処分するだけでなく家族の気持ちを聞くことも必要

順調そうに見えたモノの処分が、しばらくすると停滞気味に。**仲のよかった妹との間にいざこざが頻発してしまいます。**

「私が仕事へ行く間に、収納から出しておいたモノがほとんど戻されたんです。『お姉ちゃんはわかってない。もう勝手に出さんといて』と言われました」

慎重派で繊細な妹は、紗英さんが海外にいた時期と介護の期間、母と一緒に過ごしました。部屋を片づけたらそれらも消える気がしたのかもしれません。

紗英さんは自分の気持ちを整理して、妹と父と話

紗英さんご家族が作った「あいまい部屋」は仕組み作りの新しい方向を示唆してくれています。あえてグレーな部分を作り、みんなが納得する落としどころを作ったんですね。

し合いました。

自分たちのモノをしまう場所を作りたい。遺品はいったん全部母の部屋にまとめ、将来的には形見分けして親しい人の心の中で母が生きるようにしたい。一晩考えたアイデアをぶつけました。

母の部屋は「あいまい部屋」として、遺品は手放す期限を作らない。思い出はそのまま残ると伝えました。母の亡きあと3人で深い話をしたのは初めて。怒りの裏にある悲しみをいったん出して、現在地を俯瞰できた妹は、この提案を受け入れてくれました。それからは姉妹で、「どんだけあるねん」と突っ込みながら遺品を整理するほどに。

白黒つけたいところを、紗英さんはグレーを作って家族の方向性を合わせました。理想のゴールとは違った形ですが、このステップがあったおかげで、家族は次に進めているのです。

仕組みがない家には「地雷」が埋まっている

片づけをしてもすぐにリバウンドしてしまう人は、**片づけをいつも行き当たりばったりでやっていて、「仕組み化」がうまくできていない**のかもしれません。

片づけは不要なモノを家から出していくことがまず大事ですが、「仕組み」を見直すと、グンと暮らしやすくなりますし、片づいた部屋をキープできるようになります。「仕組み」を作るときにまず大切なのは、110ページでも紹介した、ゴールの設定。

自分はどんな暮らしをしたいのかを考えて、そこから逆算した家づくりをすることです。

多分、ほとんどの方が家族みんなが生活しやすくて、住み心地がいい家を目指していると思います。そのためには、必要なものがすぐに取り出せて、かつ戻しやすい部屋である必要があるでしょう。当たり前のことのようですが、実はこの仕組みがうまくできていなくて、「使いづらさ」をそのままにしていることが多いんです。**それは小さなストレスのようで、実は毎日重なっていく大きなストレス**。家族関係の悪化にもつながりますし、そのまま見逃しておいていいはずがありません。

仕組み作りには大きく分けて、「どこに置くか＝場所」と「いつ何をやるか＝時間」の二つがあります。

・場所の仕組み化

「必要なものがすぐに取り出せて、戻しやすい」仕組み作りは、モノを置く定位置が決まっているか、その場所は動線上にあるか、出し入れがしやすいか、などを検討していきます。「これがベスト」という正解はなく、部屋の間取りや、家族一人ひとりの動線によって違ってきます。一度、**改めて家族の部屋の中での動きを観察し、置く場所や収納スペースを再検討してみるといい**かもしれません。

また、誰にとっても使いにくい、天袋や深い収納スペースの奥部分などの〝デッドスペース〟は、無理に有効活用しようとしないほうがいいでしょう。私はよく「デッドスペースはデッド（仮死）のままにしておけ」と言っています。デッドスペースってもともと、踏み台がないと届かない高過ぎるところとか、かがまないと見えない低いところなど使いづらいところなのです。ですからそこにモノを置いても使わないし、見返すこともないはず。無理にモノを置かず、空けておいたままでいいのです。

・時間の仕組み化

いくら場所があっても、戻す時間がなければモノは片づきません。片づけをやる時間を日常生活の中に組み込んでおくことも大切な仕組み化の一つです。とはいえ、毎日片づけのためにまとまった時間を作るのは難しいので、5～10分ぐらいの「スキマ時間」を活用するのがコツ。

おすすめの時間帯は、朝出かける前、夕食前、寝る前の1日3回です。時間で決めるのではなく、何らかの行動と紐づける方が習慣になります。

1日1回よりも、1日3回のリセットタイムをちょこちょこ作っておくと、何かの都合で1回スキップしてしまっても、次で元通りにしやすくなります。子どもは夕食前の片づけを習慣づけるといいでしょう。

夕方帰ってきたときに家の中が片づいていると気持ちがいいですし、夕食も散らかったリビングの中でいただくよりも、片づいた部屋でいただく方が食事の質が上がります。朝いちばんに目に入る部屋が片づいていれば、1日を爽やかにスタートすることができます。

そのほかにも、遅刻癖がなくなった、という方も多いです。モノを置く場所がきちんと決まっていれば、出かける前に持ち物をバタバタ探す必要がなくなりますし、「スキマ時間」を有効活用していると時間の見通しがつくようになるからでしょう。

片づけってちょっとでも気を抜くとあっという間に部屋は散らかってしまいます。でもこれは仕方がないこと。自然界には「エントロピー増大の法則」というものがあるのをご存じでしょうか？ これは、**物事は放っておくと乱雑な方向に向かい、自然に元通りに戻ることはない**、という法則です。

部屋が散らかり始めるサインは、「なんかこれ、置く場所がないな」「戻すのが面倒だな」といったちょっとしたモヤモヤです。日常生活のそんなモヤモヤを見逃さず、仕組みをちょこちょこ見直していくことがリバウンドを防ぐコツです。

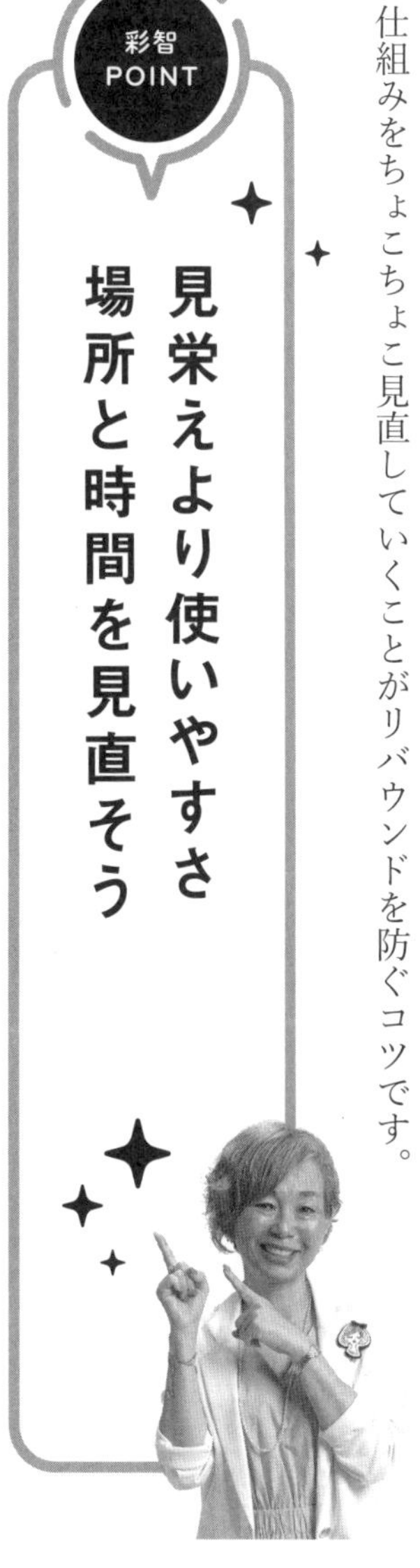

彩智
POINT
見栄えより使いやすさ
場所と時間を見直そう

片づけの仕組みがうまく回れば家族関係もうまくいく

離婚して心機一転、片づけを決意 家の中に目を向けたら 一人息子との会話も増えた

家族構成	ちさとさん（40歳・会社員）+子ども1人

海外出張もある仕事に就いているちさとさんは、忙しいながらも楽しい毎日。キャリアを確実に積み上げ、今は管理職としてのやりがいも感じて仕事面は充実しています。

でも、昔から片づけは苦手。仕事以上の緊急性も感じず、家の中にモノが散乱していてもすぐに片づけをやろうという気持ちにはなれませんでした。

「**当時の私の中で片づけというのは、空いているスペースにモノを押し込むこと**。スッキリしているように見えても、モノを出しにくくて元の場所に戻しにくい。すぐに散らかっていました」

離婚を経験し、ふと自分の生活を見直したときに「家が汚い」と自覚しました。

離婚前から生活が荒れたこともあり、片づけ以外に家事もうまく回らない状態。いつもイライラして、いつか子どもに強く当たってしまうのではない

キッチン

▲棚や引き出しに収まりきらないモノがいっぱい。床にまであふれていたキッチン

▲収納を徹底的に見直してから食器棚を新調。大型家具が増えたのに以前よりスッキリ

かと危機感を覚えました。

「2人暮らしの親子なのに、このままだと関係が悪くなるかも」と、真剣に片づけることにしました。

すると、家の中から大量のストック品を発見。小麦粉や乾麺など、食料品の多くは賞味期限が切れています。在庫があるのに気づかず、買ってきてはため込むという癖がわかりました。

モノの場所を把握できているつもりだったのに、結局はできていなかった。モノが多すぎて管理できなくなっているので、まずは家の中のモノを徹底的に減らしました。

家の中がどんどんスッキリしていくので、息子が「どうしたの？　引っ越すの？」と不安になって尋ねるほどでした。

冷蔵庫やパントリーからあふれ出ていたモノを減らし、吟味を重ねた食器棚を入れて整理すると、料

和室

▲自分たちで管理できる量までモノを減らすと、びっくりするほど暮らしやすい家に

▲4LDKに2人暮らしなので、空いている部屋にモノを置きたい放題でした

理のしやすさが格段にアップしました。

以前は45分くらいかかっていた夕飯の準備が30分以内になり、フードロスもなし。ストックを買い込むこともなく、食費が減りました。

キッチンにいるのが楽しくなり一人息子の行動にも変化が

以前はダメな自分に直面しているようで一刻も早く散らかったキッチンから出たかったけれど、今ではキッチンにいることが楽しく感じられます。

奮闘している母の姿を見て、息子にも変化が訪れます。今まで学校から帰ってきたら置きっぱなしだったカバンを定位置に、脱ぎっぱなしの制服はきちんとハンガーにかけるようになりました。今は居心地のよい自分の部屋を作ろうと、ちさとさんと一緒に計画をしています。

離婚して仕事は責任がある立場、息子は思春期。大変でしたね。そんな息子さんが変わったのは、ちさとさんが本気で片づけに取り組む姿を見せたからではないでしょうか。

そして、**一番の変化は、会話が増えたこと**。

「私がカバンの置き場所を決めたら、『こういう理由があるから、ここだと入れづらい』と話してくれました。そんなフィードバックがくるとは思わなかったのでびっくりしちゃって！　片づけ以外のこともよく話すようになりました」

今までは息子に対して理由も言わずに「こうしたから」と事後報告が多かったちさとさん。仕事や家事の大変さでピリピリしていたので、反論する余地を与えていなかったのでは、と反省しました。

お互いに思っていることを言えるようになり、問題が起きても話し合える関係に。

母親だからと、すべて1人でやろうとすることはありません。すぐ近くには、お互いに助け合える家族がいます。そのことに気づけるきっかけの一つが、ちさとさんにとって家の片づけでした。

片づけは自分だけが頑張らず、家族も巻き込む仕組みを作る

ずっとできなかった片づけ 家族と一緒にやったら 思いやりの気持ちも湧いてきた

家族構成 | あゆみさん（38歳・医療福祉）＋夫＋子ども2人

「私の父親は仕事一筋の人で、家庭ではあまり笑顔を見せないタイプ。その影響もあってか、私は子どもや家族との時間を大切にしたいという気持ちが人一倍強くありました。でも、実際には満足にできていなくて……」

こう話してくれるのは、フルタイムの仕事と家事・育児に忙しいあゆみさん。

「小さな頃は、『やればできる』と信じていました。でも、**ライフステージが進むと、うまくいかないこともあるということを実感するようになりました**」

あゆみさんのできないことの一つは、片づけ。仕事から帰ってくると、慌ただしく夕飯とお風呂を終えて寝ます。とても片づけまで手が回りません。

夫も仕事が忙しく、家はどんどん散らかるようになりました。さらに彼女を悩ませたのは、小学1年生と2歳のかわいい盛りの子どもたちとゆっくり過

リビング

▲大好きな家族と笑顔で過ごしたいのに、散らかっているので落ち着かないリビング

◀少しずつ片づけて理想の部屋に。モノを出してもすぐにリセットできてくつろげるスペースに

ごす時間を持てないこと。

「**時間がなくてイライラする私の態度が、家族の雰囲気を悪くしていました**。子どもに感情的に怒ったり、自分の理想を押しつけたり……」

夫が家事・育児に積極的に参加してくれることをありがたく思いながら、彼女はうまくいかないことを全部自分のせいだと責めていました。

「こんな日々がずっと続くのはイヤだ」と、自分を変えるためにも片づけを始めます。

モノを捨てることが苦手で、これまでは「いつか必要になるかも」と保管したり、モノにまつわる思い出に浸ってしまったりと、時間だけが過ぎるばかりでした。でも、今回は違います。

朝起きてから最低でも10分は片づけて、一つずつ〝いる・いらない〟を決断。短時間でも、毎日少しずつモノが減っていきました。

リビングカウンター

▲あゆみさんが特に処分が苦手なのが紙類。リビングカウンターは置きやすくてたまり場に

◀苦手なことと向き合って必要なモノだけを残すことに。長男が勉強しやすくなりました

最初に家の変化に気づいたのは、長男です。**「ママ、ここ片づけたの？　すごい！」とほめてくれて、一緒に片づけをするように。**

「今までは子どもにも『片づけなさい』と言っていたけれど、長男も片づけ方を教わってないから、どうしていいかわからなかったんですよね」

家の中が散らかると落ち着かない時間の大切さにも気づけた

今では、片づけがすっかり習慣化されました。床にモノが置いてあれば片づけ、届いたDMは確認して不要だったらすぐに処分。家の中が少しでも散らかっていると、落ち着かないようになりました。

家がきれいになった様子を見て、夫が「なせば成るものだな」とうれしい言葉をかけてくれました。「やればできるでしょ、私！」と、自分に自信を取

いつもイライラしていたあゆみさん。「やればできる」から「本当にできた」に変われたのは、やったことを家族に認めてもらったからでしょう。家族のほめ言葉は何よりのご褒美！

り戻せた瞬間です。

「以前とは違う自分になった感じですね。気分も前向きになれたような気がします」

子どもたちと過ごす時間も増えました。

「当たり前ですが、時間は有限ということに改めて気づけました。限られた時間を仕事だけに費やすのではなく、もっと家族に向けるために頑張りたいです」

片づけは一度やったら終わりではありません。ライフステージの変化などに対応して、ずっと続けていくものです。

「悩みを悩みのままで終わらせないことは、大切ですね。私の場合、行動することで片づけだけじゃなく、自分の内面と向き合って、家族を思いやることができるようになりました。これからも、独りよがりではなく、家族のことを考えながら片づけていきます」

家族皆が自分のことは自分でやる仕組みを作る

「自分ばかり頑張っている」という意識から「家族のために頑張れる」に

家族構成 | マヤさん（37歳・製造業）+パートナー+子ども2人

「私だけが頑張っている」

マヤさんはいつも不満を感じていました。家族の中で、自分だけ家事や育児の負担が大きい。**家族と一緒に暮らしているのに、孤独感を抱いてしまう。**

離婚後、小学生の2人の息子と暮らしていたマヤさんは、今のパートナーと出会い、「お互い仕事をしているから、家事は半分こ」という約束で同居を始めました。

でも、実際は自分の負担ばかり大きく感じてしまい、月に1回くらいのペースで大爆発。パートナーや子どもたちに、怒りをぶつけてしまうことも。

「昔、家の中を大きく断捨離したんですが、いつの間にか元通りに。『一度きれいになったから、またできる』と思い続けて、もう12年くらいそのままでしたね」

ある日、大事な書類をなくして家の中をひっくり

リビング

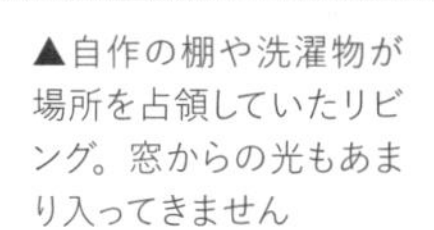

Before

▲自作の棚や洗濯物が場所を占領していたリビング。窓からの光もあまり入ってきません

After

◀モノの置き場を撤去したらモノの量も減りました。風通しがよくなり、快適

返すように探していると、マヤさんは家の中のモノの多さにあきれてしまいます。

　ふと**「今の私に必要なのは、パートナーとの話し合いとかじゃなくて、片づけなのかも」と思うようになったそう**。パートナーとの関係だけでなく、子どもたちとももっといい関係を築きたいと模索している最中でした。「母親の自分が、自分のやりたいことに向き合う方が子どもたちにもよい影響を与えるのでは」と考えるように。

　マヤさんは昔からバリバリ働きたいタイプ。子どもたちのために家にいてあげたいと在宅の仕事をしていましたが、転職を決意したところでした。

　片づけ始めると、趣味のDIYで作ったリビングの棚に置いてあるモノは、ほとんど不要だとわかりました。置けるスペースがあるから、モノがどんどん増えてしまっていたのです。

キッチン

Before

▲あまり使っていないモノまで置いていたキッチン。雑然としてやる気が起きません

◀片づけからスタートしなくても、すぐに料理を始められるのでムダな時間もなくなりました

「棚や突っ張り棒の物干しを手放したら、リビングの景色が変わりました。観葉植物も生き返ったみたいです。部屋が2倍くらい広くなった感覚で、みんなでくつろげる部屋になりました」

家族皆が自分ができることをやる仕組みができてイライラも減った

家の片づけが進むにつれ、パートナーと子どもたちも積極的に動いてくれるようになりました。

「上の子はもともと家事をよくやってくれる子でしたが、下の子はお願いしてもイヤイヤ。でも今は洗濯物を干したり、掃除をしたりしてくれます」

マヤさんの意識にも変化が起こります。以前はパートナーが家事をやってくれると私がやらなければいけないのに、と罪悪感にさいなまれ、やっていないと「家にいるならやってよ」と不満を感じてい

片づけでも何でも、周りを巻き込める人は、自分が主体的に動いている人です。イヤイヤやっている人と楽しみながら主体的にやっている人ではエネルギーの質が全然違いますよ！

ました。

「今は、全然そんなことを感じないんです！　パートナーも子どもも、家族それぞれが自分のできることをやって、家事が回っています」

家がきれいになると時間と心に余裕ができます。

「前はずっと家事がやりにくくて、息苦しさみたいなものがありました。今は作業に取りかかりやすいし、全然イライラしません」

マヤさんはいつも散らかった部屋の中で『あれやらなきゃ、これやらなきゃ』と考えていたので、何かを楽しめる精神状態ではありませんでした。今はたとえばお皿洗いが残っていたとしても、すぐ終わるという目途がついているので、先に子どもたちとゲームをして笑い合うこともあります。

「『自分ばかり頑張っている』と思っていたけれど、今は『家族のために頑張れる』と感じています」

片づけはコミュニケーション
片づけをケンカの元にしない

もしあなたが一人暮らしをしているなら部屋の仕組み作りはあなた次第。動線も自分一人の生活動線を考えていけばＯＫです。しかし、**家族と住んでいるのであれば、仕組み作りには家族とのコミュニケーションが必須**です。

「家の片づけ、私だけが頑張っていて他の家族は全然やってくれません」という方がいますが、それはまさにコミュニケーション不足。「親なんだから自分がやらないといけないと思っていた」「自分以外の家族は片づけができないと思っていた」は単なる思い込みです。

家族に「片づけて」という前に「自分はどういう暮らしをしたいのか」「こんなところを助けてほしい」と正直に伝えてみましょう。お子さんがたとえ小さくても、きちんと話せば意外と伝わるものです。

いつも「あれはどこにやったの！」「誰々が悪い！」といった家族のイライラがたまっていて、それがちょくちょく爆発する。

いつもそんな家にいる私の苦労を家族は察してほしい、と言っていた方がいました。多くの方は「察してほしい」と期待しますが、残念ながら家族であってもそれは無理です。**言わないとわからないし、実は自分がどんなことを思っているのかさえわからなくなってしまっていることも多い**です。

中学生のお子さんが1人いるSさん。片づけをしていたら押し入れからご主人が7、8年前に買ったタブレット教材が出てきました。あまり使っている気配がなかったのでSさんが押し入れの奥にしまっていたのですが、久しぶりにそれを見たご主人、「本当はこれで子どもと遊びたかったんだよね……」と言われ、びっくり。「いつ使うのか」「どこに置きたいのか」といったちょっとしたコミュニケーションがなかったばかりに、そのタブレット教材は7、8年間使われることなく押し入れに眠っていたのです。

そのほかにも、こんな方がいました。
・今まで家事は自分がやってきたけれど、よく話をしてみたら、夫も料理をやりたいと思っていた。

・子どもの部屋の片づけをずっとしてあげていたが、話をしてみたら、実は子どもは自分の部屋に親が入って片づけをされるのがすごく嫌だった。

同じ屋根の下に暮らしていてもコミュニケーション不足からくる認識のズレは多いのです。

家族とは「強力なチーム」だと思っています。**いいチームとは、誰か一人が頑張っているのではなく、お互いが苦手なことを補完し、できることに感謝し合えているチーム**です。そんなチームであれば、そこに自分が存在する理由も見つかるし、頼られて感謝されたら嬉しいですよね。

家族皆が苦手なことがあったら、無理に自分たちだけでやろうとしなくてもいいと思うんです。掃除が苦手ならロボット掃除機を使ってもいいし、洗濯物を干したくなければ全自動洗濯機を使って乾燥までさせればいいのです。

機械に頼るだけでなく、苦手な家事は外注してもいいと思っています。家事代行をお願いすることを躊躇する人はまだ多いですが、私は片づけと掃除は別物だと思っています。

我が社にも月1回、プロの掃除を頼んでいるスタッフがいます。日常的な片づけや掃除は自分でやっても、換気扇やじゅうたんなど大きな所の掃除をプロの方に月1回お願いするようにしたら、驚くほどきれいになって居心地がさらに良くなった、と言っていました。

　そのような家事代行をパッとお願いできるのも、家が片づいているからなんですね。キッチンも部屋の中もぐちゃぐちゃだったら、家事代行の方に部屋に入ってもらうことさえできないのです。

今まで、日本の女性は家事を背負いすぎていたのだと思います。その時間を外に出て稼ごう、と思ったり、趣味や勉強、ボランティアなどの時間に使おう、と思うことは全く悪くない。むしろ素晴らしいことだと思います。それも仕組み化の一つです。

　仕組みを変えて、コミュニケーションを変えて、今まで背負っていたいろいろな重荷から解放されて、身も心も軽やかにいきたいですね。

彩智
POINT

一人で頑張る片づけは終わり
家族を強力なチームにしよう

Column 4

「片づけなさい！」を上手に言い換えよう

自分一人が頑張らない片づけにするために、家族も楽しくできるような工夫をしましょう。ポイントはまずは自分から動くこと。そして相手を気遣う言葉かけを心がけること。以下のような言葉かけをしてみてはいかがでしょうか？

人をやる気にさせる「さしすせそ」

（家族だけでなくあらゆる人に有効）

- さ さすが！
- し 知らなかったぁ！
- す すごい！
- せ センスがいい！
- そ そうなんだ！

一緒にやる・協力する

（協力してやることで達成感もアップ）

- お片づけ、一緒にやろうか
- どこか手伝えるところはある？
- 一緒にやると早く終わるね
- 困っていることは何？

こんな言葉かけもやる気になる！

（ちゃんと見ていることや自分の気持ちを伝える）

- ここにあった汚れがピカピカになっているね！
- なんでそんな上手に（早く）できたの？
- 自分で片づけてくれたから助かったよ！

終章

あなたはきっと片づけられる

「片づけたい」と思っているあなたはきっと大丈夫！

私の友人で、一時期うつ状態になってしまい、半年ぐらい寝込んでしまった方がいました。幸い今は回復して働いていますが、彼女は**自分が元気になってきたな、といちばん実感したことは「家の中を片づけたい」と思ったこと**だと言っていました。そして実際に片づけをしていくうちに、自分の中で「生きているんだ」と実感をした、と言っていました。

自分だけでなく、部屋の中の状態に目がいくようになり、それを変えたいと思うこと。自分自身が元気でないとできないことです。

逆に言うと、いつも元気だった人が調子が悪くなる指標として、部屋がどんどん汚くなる、というのもよく聞きますね。

今、部屋がぐちゃぐちゃで何とかしたいと思っている人、家族が片づけに協力してくれず、家族のことが嫌いになっている人。そんな今の現実に嫌気がさし、自己肯定感も下がっているかもしれません。

でも、**あなたには「変えたい」というパワーがまだ残っている。自分の人生を諦めたくない。自分の力でなんとかしたいと思っている、ということです。**

もちろん、人に頼んで片づけてもらったり、専門業者にお金を払って片づけてもらうこともできると思いますが、自分の手で整えることで自信がつきますし、何よりも片づけを1回だけで終わらせるのではなく、習慣にすることができます。

自分の人生を変えたい、そう思ったときに、環境を変えることはよくあることです。引っ越しをする、仕事を変える、海外旅行や留学をする、などです。確かに人生は変わりそうですが、それには大きな決断がいりますし、自分だけで決められないときもあるでしょう。その点、**いちばん簡単で、すぐにできることが家の片づけ**です。

5分でも10分でも片づければ目の前の景色が変わり、そこから生きる希望を見いだすことができるのです。

片づけは未来の自分へのギフト
今の行動を未来のあなたは感謝する

片づけは自分の周りの環境をリセットすることです。ですから繰り返しやっていくうちに人生もリセットされて変わっていく。

私は、**片づけはいつからでもできるのと同じく、人生は何歳になっても、何回でもリセットしていい**と思っています。

季節ごとにクローゼットの中を見直したり、1日の中でも2、3回キッチン周りやテーブルの上をきれいにすると過ごしやすく整うように、人生もいろいろなタイミングでいらなくなったものや思い出を「成果物」として手放し、リセットする。そうすることによって、前に進みやすくなります。

また、**私は家事は「やらなければならないもの」でなく、「自分へのギフト」**だと言っています。中でも片づけがいちばんわかりやすい。

出かける前に片づければ、帰ってきたときに気分がよくなるし、寝る前に片づければ翌朝、爽やかな気分で1日のスタートをきれる。今やることが将来の自分にどれだけリターンを与えることになるのか、想像してみることが大事です。

それによって時間の使い方も変わってきます。

現代はスマホ社会なので、今現在の情報がどんどん入ってきます。それを追いかけているうちに自分の未来を想像する時間が奪われてしまうように思います。**時間だけでなく、自分が持っているパワーも今現在のことばかりに注がれてしまい、未来のためにかけるパワーがなくなってしまう**。

だからこそ、一度、周りから入ってくる情報を止めて、自分の未来にしっかり想像を飛ばし、「どんな自分になりたいのか」「どんな部屋にしたいのか」しっかり考えてみる時間を取った方がいいでしょう。

想像するのは、数年後の未来でもいいし、片づけのゴールを設定した日でもいいし、今日の夜の状態でもいい。とにかく、自分が幸せでいられる未来を描いてみる。

そこから逆算してみると、今何をすべきなのか優先順位が見えてきますし、何が必要で何がいらないのかも判断できるようになります。

何があっても自分を諦めない あなたはもっと欲張りでいい

152ページに「人生はずっと忙しい」と書きましたが、この本の中にも仕事や子育て、介護などに忙しい方がたくさん出てきました。

時々、「今は仕事が忙しいから片づけできません」「今は介護優先の生活をしているので自分のことは後回しでいいんです」とおっしゃる方と会いますが、私は「本当にそれでいいの？」と思ってしまうんです。

どんなに忙しくても、あなた自身が幸せになることを考えようよ、一つでもできることを見つけようよ、と。

今はなんでも同時進行でやっていく時代だと思います。仕事だけ、子育てだけ、介護だけ、という人生はもったいない。いろいろ交ざりながら同時にやるのが人生。だから同時にできる方法を、自分ひとりで抱えない方法を考えたいと思っています。

そのために必要なのはまずは自分の健康です。しっかり食べて、眠れて、ちゃんと笑える生活が健康のベースです。

どんなに忙しくても、家の中が片づいていれば、料理を作ろうという気にもなります。もちろん、お惣菜を買って済ますこともできますが、おかず一品でも手作りのものが加わるだけで自分も家族もちょっとホッとしたりするものです。

一人暮らしの人でも自分のことを大切にできたな、と思えるんですね。

私は、**女性はもっと欲張りであっていい**と思っています。周りも幸せにしつつ、自分自身が笑顔でいられる方法も模索してほしい。その一つが、身の回りの環境を整えることだと思います。

なんだかんだ言ってお母さんが笑顔だと家族全体もうまくいくんです。

子どもも学校にいる時間より家にいる時間の方が長いのですから、お父さんやお母さんが機嫌が良くて居心地が良い家であれば、それだけで元気になって毎日頑張れる。パワーチャージできます。

あなたが機嫌がいいことはあなたの家族を元気にすること、そして日本を明るくすること。私はそう信じています。

おわりに

この本でこだわったのは、片づけのノウハウだけをお伝えすることではありません。家を片づけた先にある景色を一人でも多くの方に知っていただきたく、ビフォーアフターで変化した方々の人生をぜひご紹介したいと思いました。

多くの方は、片づけられないことに目を背け続け、「片づけることができた未来」や「片づけられないままの未来」を思い描けません。しかし、この本に登場する方たちは、そこにあえて目を向ける勇気を持ち、自分の手で「理想的な未来」を手に入れています。

それぞれのストーリーを通して、「自分と同じだ」「自分にもできるかも」と希望を持っていただけると幸いです。

進学、就職、結婚、出産、子どもの成長、親の介護など、自分が置かれる環境は目まぐるしく変わっていきます。外の世界で神経をすり減らして帰ってくるかもしれません。そんなときでも家がきれいであれば、リラックスできてパワーチャージできるものです。

ちょっと贅沢なおいしいごはんを食べるのも、素敵な場所にドライブに行くのも元気が出るかもしれません。でも、帰ってきた家が散らかっていたらどうでしょうか。さらにストレスがたまってしまうのは目に見えています。

時としてライフステージの変化は自分でコントロールできないことがありますが、自分の家の中はいつでも自分が心地よく過ごせるようにコントロールができます。

私が皆さんに目指していただきたいのは、「見栄えのよい家」ではなく、「過ごしやすい家」です。モノの量や定位置が、自分や同居している家族にとって快適である。それは1回の片づけによって一生続くわけではありません。何度も家の中を見直して、何度も片づけ直す。そのために、片づけが「習慣」になっていることが大切なのです。

一度に片づけを習慣化しようとすると、大変かもしれません。でも、少しずつでいいのです。この本でご紹介した方々のように少しずつ片づけを習慣化できれば、現在のあなたの人生が「ビフォー」になる日がきっとやってきます。

最後に、何者でもなかった私にAERA dot.で連載の機会を与えてくださったAERA前編集長の片桐圭子さん、その連載を本にして世の中に届けようと声をかけてくださった現編集長の木村恵子さん、バラバラとした記事だったものを本にまとめてくださったEdit Plan合同会社の代表・江口祐子さん、この本の制作に関わってくださった皆さん、AERA dot.の連載を読んでくださっている皆さんに深く感謝申し上げます。いつも私を支えてくれるHomeportのスタッフみんなもありがとう!

そして、記事や写真の掲載に快く応じていただいた方を含む3千人以上の卒業生・受講生の方々。皆さんのうち誰か一人でも欠けていたら、この現実は作り上げられませんでした。本当にありがとうございます。

次はこの本を手にしたあなたの番です。さあ、片づけの習慣を身につけて、新しい人生の一歩を踏み出しましょう。

2024年　11月　西崎彩智

あなたの片づけプランを立ててみよう

片づけを決意したら、ゴールの日程（今日から45日後）となりたい姿を書いておきましょう。各部屋やクローゼット・引き出しの中などの現状を写真に撮っておくことも忘れずに！　目指す場所がはっきりすると挫折しにくくなります！

ゴールはいつ？

年　　　月　　　日

そのとき、どんな未来でありたい？

家族の全体像

健康

時間の使い方

お金の使い方

家族との関係性（子ども・親）

パートナーとの関係性

職場・友人との関係性

自分の感情

人生(じんせい)が変(か)わる　片(かた)づけの習慣(しゅうかん)

片づけられなかった36人のビフォーアフター

2024年11月30日　第1刷発行
2024年12月30日　第2刷発行

著者　西﨑彩智
発行者　市川裕一
編集長　木村恵子
編集協力　江口祐子(Edit Plan)
制作協力　鈴木玲子、宍戸理依奈、岸なおみ(Homeport)

デザイン　田村 梓(ten-bin)
帯・本文著者写真　松永卓也(朝日新聞出版写真映像部)
校閲　朝日新聞総合サービス 出版校閲部
DTP　小堀由美子(アトリエゼロ)

発行所　朝日新聞出版
〒104-8011　東京都中央区築地5-3-2
電話　03-5541-8627(編集)　03-5540-7793(販売)
印刷製本　広研印刷株式会社

Published in Japan by Asahi Shimbun Publications Inc.
ISBN978-4-02-332382-7

本書はニュースサイト「AERA dot.」に連載中の
「片づけと人生のBefore/After」から抜粋・一部修正し、
新規原稿を加えて編集したものです。